교양한자 익히며 쓰기

설중환 편저

푸른사상

책머리에

　우리는 한글전용이냐 한자혼용이냐 하는 문제로 오랫동안 혼미를 거듭해 왔지만, 아직 그 궁극적인 해결책을 찾지 못한 실정입니다. 다만 근래에 들어 신문 잡지는 물론 전문서적까지 한글전용으로 가고 있는 것은 사실이지만, 한자의 훈과 뜻을 제대로 알지 못하고 그 음만 읽으면 전문서적은 물론 신문 잡지조차 그 뜻을 명확히 파악하기 힘듭니다. 한자는 우리말의 뿌리에 해당하기 때문입니다. 우리말의 약 70-80%는 한자어로 되어 있는 실정입니다.

　한글은 자주성, 창소성, 과학성, 실용성, 그리고 그 창제동기에 있어서 정말 나무랄 데 없는 훌륭한 글자입니다. 그래서 세계에서 유일무이하게 세계 문화유산으로 등록되었습니다. 이런 한글을 두고 한자를 섞어 쓰자는 것은, 한글을 사랑하지 않아서가 아닙니다. 다만 한글이 표음문자로서 가장 우수한 문자라면 한자는 표의 문자로서 가장 뛰어난 글자입니다. 그리므로 우리가 국한자를 혼용한다면 한글의 간편함과 표의문자 특유의 풍부한 조어력을 십분 활용하여 우리의 문자생활을 더욱 풍성하고 윤택하게 할 수 있을 것입니다. 즉 표음문자와 표의문자의 장점을 둘다 이용하여, 그 상승효과를 얻자는 것입니다. 더구나 우리 선조들의 찬란한 문화유산은 대개 한문으로 기록되어 있습니다. 그러므로 우리는 당장에는 일상생활을 위해서, 그리고 멀리는 선조들의 찬란한 문화를 오늘에 되살리기 위해서도 한자를 멀리할 수 없는 형편입니다.

특히 지금은 세계화의 시대입니다. 그래서 우리는 영어를 중시하여 이를 공용어로 쓰자는 주장까지 나오고 있는 실정이지만, 우리는 영어 못지않게 한자를 소홀히 해서는 되지 않습니다. 왜냐하면 우리의 가장 가까운 이웃인 중국이나 일본이 지금도 한자를 생활어로 쓰고 있기 때문입니다. 우리는 한자를 통해 중국이나 일본에 더 빨리 접근할 수 있습니다. 그래서 기업체에서도 입사시에 한자능력을 중시하겠다고 하는지도 모릅니다.

한자를 익히기 위해서는 무엇보다 먼저 한자의 음과 훈을 외워야 합니다. 이를 위해서는 한자를 써보면서 익히는 것이 가장 효과적인 방법입니다. 이를 위해 필자는 우리가 일상생활에서 가장 많이 사용하는 단어들을 교양한자 1800자로 조합하여 이 책을 펴내게 되었습니다.

그러므로 이 책을 사용하는 사람은 각 단어의 음과 훈을 외우면서 써본다면 한층 좋은 효과를 얻을 수 있을 것입니다. 모쪼록 이 책을 활용하여 한자를 정확하고 바르게 익힐 수 있다면 편자에게는 더한 다행이 없을 것입니다.

2004년 2월 25일

편저자 적음

교양한자 익히며 쓰기

宇宙(우주)	太陽(태양)	蒼空(창공)	晨星(신성)	弦月(현월)
① 세계. 천지. ② 공간과 시간의 모두. 누리.	태양계를 중심으로 이룬 항성의 하나. 해. 일륜(日輪).	푸른 하늘. 창천(蒼天).	샛별.	초승달. 음력으로 그 달 첫머리의 며칠 동안에 돋는 달.

宇	宙	太	陽	蒼	空	晨	星	弦	月
집 우	집 주	클 태	해 양	푸를 창	하늘 공	새벽 신	별 성	반달 현	달 월

苛斂誅求 가렴주구	가혹하게 세금을 징수하며, 무리하게 재물을 빼앗음.

滄波(창파)	雷雨(뇌우)	風霜(풍상)	霧散(무산)	雲集(운집)
큰 바다의 푸른 물결. 창랑(滄浪).	우뢰 소리가 나며 내리는 비.	① 바람과 서리. ② 세상의 모진 고난이나 고통.	안개가 걷히듯 흩어져 없어짐. 안개로 사라짐.	구름처럼 많이 모임. 예) 운집(雲集)한 인파(人波).

滄	波	雷	雨	風	霜	霧	散	雲	集
푸를 창	물결 파	우레 뢰	비 우	바람 풍	서리 상	안개 무	흩을 산	구름 운	모일 집

刻骨難忘
각골난망

남에게 입은 은혜가 뼈에 새기어져 잊히어지지 아니함.

교양한자 익히며 쓰기

洪水(홍수)	靑潭(청담)	泰山(태산)	頂上(정상)	奇巖(기암)
① 큰물. ② 넘쳐흐를 정도로 많은 사물의 비유.	맑고 푸른 못. 예) 청담(靑潭)에 백학(白鶴).	매우 높고 큰 산.	꼭대기. 예) 정상정복(頂上征服).	기이한 모양을 한 바위.

洪	水	靑	潭	泰	山	頂	上	奇	巖
클 홍	물 수	푸를 청	못 담	클 태	뫼 산	꼭대기 정	위 상	기이할 기	바위 암

感慨無量 감개무량	감개가 한이 없음. 사물에 대한 회포의 느낌이 한이 없음.

丘陵(구릉)	溪谷(계곡)	河川(하천)	汎濫(범람)	群島(군도)
땅이 좀 높고 비탈진 곳. 나지막한 산. 언덕.	골짜기. 계학(谿壑).	시내. 내.	① 큰 물이 넘쳐 흐름. 범일(汎溢) ② 세 분수에 넘침.	불규칙하게 모여 있는 작고 큰 여러 섬.

丘	陵	溪	谷	河	川	汎	濫	群	島
언덕 구	큰언덕 릉	시내 계	골짜기 곡	물 하	내 천	넓을 범	넘칠 람	많을 군	섬 도
丘	陵	溪	谷	河	川	汎	濫	群	島
丘	陵	溪	谷	河	川	汎	濫	群	島
丘	陵	溪	谷	河	川	汎	濫	群	島

甘呑苦吐 감탄고토	달면 삼키고 쓰면 뱉는다는 뜻이니, 사리의 옳고 그름을 돌보지 않고, 자기의 비위에 맞으면 좋아하고, 맞지 아니하면 싫어한다는 말.

沿岸(연안)	怒潮(노조)	氷雪(빙설)	冬栢(동백)	楓葉(풍엽)
강물이나 바닷가의 일대.	힘 차게 밀어 닥치는 조류(潮流).	① 얼음과 눈. ② 심성(心性)이 결백함을 비유.	① 동백나무의 열매. ② 동백나무.	① 단풍나무의 잎. ② 가을에 단풍이 든 잎.

沿	岸	怒	潮	氷	雪	冬	栢	楓	葉
좇을 연	언덕 안	성낼 노	조수 조	얼음 빙	눈 설	겨울 동	잣나무 백	단풍나무 풍	잎 엽
沿	岸	怒	潮	氷	雪	冬	栢	楓	葉
沿	岸	怒	潮	氷	雪	冬	栢	楓	葉
沿	岸	怒	潮	氷	雪	冬	栢	楓	葉

改過遷善 개과천선	지나간 허물을 고치고 착하게 됨.

梅實(매실)	芳草(방초)	梧桐(오동)	細柳(세류)	松竹(송죽)
매화나무의 열매.	향기롭고 꽃다운 풀.	오동나무 식물 : 오동과의 낙엽 활엽 고목.	가지가 가늘고 긴 버들. 세버들.	소나무와 대나무.

梅	實	芳	草	梧	桐	細	柳	松	竹
매화 매	열매 실	꽃다울 방	풀 초	오동나무 오	오동나무 동	가늘 세	버들 류	소나무 송	대 죽
梅	實	芳	草	梧	桐	細	柳	松	竹
梅	實	芳	草	梧	桐	細	柳	松	竹
梅	實	芳	草	梧	桐	細	柳	松	竹

居安思危 거안사위	안락한 경우에 있을 때 위태로움(어려움)을 생각하며 정신을 가다듬음.

桃李(도리)	枝葉(지엽)	森林(삼림)	夏穀(하곡)	麥芽(맥아)
① 복숭아와 오얏. ② 남이 천거한 어진 사람의 비유.	① 가지와 잎. ② 본체에서 갈라져 나간 주요하지 않은 부분.	나무가 많이 우거져 있는 곳.	여름철에 익어서 거두는 곡식(보리, 밀 등).	엿기름.

桃	李	枝	葉	森	林	夏	穀	麥	芽
복숭아 도	오얏 리	가지 지	잎사귀 엽	많고 성할 삼	수풀 림	여름 하	곡식 곡	보리 맥	싹 아

格物致知 격물치지	① 사물의 이치를 궁구하여 앎에 다다르는 것. ② 사물의 이치를 연구하여 지식을 명확히 함.

稻苗(도묘)	栗林(율림)	綠豆(녹두)	禽獸(금수)	雌雄(자웅)
볏모. 옮겨 심기 위하여 가꾸어 기른 벼의 싹.	밤나무 숲 예) 율림육성(栗林育成).	콩과(두과)의 일년생 재배 식물. 열매는 녹색이며 식용임.	① 날짐승과 길짐승 ② 은혜를 모르는 무례한 사람을 말함.	① 암컷과 수컷. ② 강약(强弱)·우열(優劣)·승부를 비유하는 말.

稻	苗	栗	林	綠	豆	禽	獸	雌	雄
벼 도	싹 묘	밤나무 률	수풀 림	푸를 록	콩 두	날짐승 금	길짐승 수	암컷 자	수컷 웅
稻	苗	栗	林	綠	豆	禽	獸	雌	雄
稻	苗	栗	林	綠	豆	禽	獸	雌	雄
稻	苗	栗	林	綠	豆	禽	獸	雌	雄

見利思義 견리사의	이익되는 것이 있을지라도 의리를 생각해 보고 취할 것인가 아닌가를 결정하라는 말.

鹿角(녹각)	犬馬(견마)	猛虎(맹호)	羊毛(양모)	走狗(주구)
사슴의 뿔.	① 개와 말. ② 자기 몸을 극히 낮추어 겸손하게 일컫는 말.	몹시 사나운 범.	양의 털. 예) 양모 제품(羊毛製品)	① 달음질 잘하는 개. ② 권력가의 앞잡이 노릇하는 사람의 비유.

鹿	角	犬	馬	猛	虎	羊	毛	走	狗
사슴 록	뿔 각	개 견	말 마	사나울 맹	범 호	양 양	털 모	달아날 주	개 구

犬馬之勞 견마지로	① 임금이나 나라에 충성을 다하는 노력. ② 자기의 노력을 겸손하게 일컫는 말. 견마지성(犬馬之誠).

飛龍(비룡)	牛步(우보)	毒蛇(독사)	蜜蜂(밀봉)	魚卵(어란)
① 하늘을 나는 용. ② 성인(聖人)·영웅이 높은 지위에 있음을 비유.	① 소걸음. ② 느린 걸음.	독이 있는 뱀.	꿀벌. 참벌과의 벌. 참벌.	소금을 쳐서 말린 생선의 알.

飛	龍	牛	步	毒	蛇	蜜	蜂	魚	卵
날 비	용 롱	소 우	걸음 보	독할 독	뱀 사	꿀 밀	벌 봉	물고기 어	알 란
飛	龍	牛	步	毒	蛇	蜜	蜂	魚	卵
飛	龍	牛	步	毒	蛇	蜜	蜂	魚	卵
飛	龍	牛	步	毒	蛇	蜜	蜂	魚	卵

鷄卵有骨
계란유골 — 공교롭게 일이 방해가 됨.

鳳鶴(봉학)	養鷄(양계)	白鷗(백구)	鴻雁(홍안)	鐵鋼(철강)
봉황새와 두루미.	닭을 침. 예) 양계업자(養鷄業者).	갈매기.	큰 기러기와 작은 기러기.	철(鐵)과 강철(鋼鐵).

鳳	鶴	養	鷄	白	鷗	鴻	雁	鐵	鋼
봉새 봉	두루미 학	기를 양	닭 계	흰 백	갈매기 구	큰기러기 홍	기러기 안	쇠 철	강철 강
鳳	鶴	養	鷄	白	鷗	鴻	雁	鐵	鋼
鳳	鶴	養	鷄	白	鷗	鴻	雁	鐵	鋼
鳳	鶴	養	鷄	白	鷗	鴻	雁	鐵	鋼

孤掌難鳴 고장난명	'왼 손뼉이 울랴'와 같은 뜻으로, 일을 혼자 하여서는 잘 되는 것이 아니라는 말. 또는 상대자가 서로 같으니까 말다툼이나 싸움이 된다는 말.

炭鑛(탄광)	金塊(금괴)	亞鉛(아연)	靑銅(청동)	洋灰(양회)
석탄광(石炭鑛). 석탄을 캐어 내는 광.	① 금덩이. ③ 금화(金貨)의 그 지금(地金).	청백색의 빛을 띤 쇠붙이. 함석. 백철(白鐵).	구리와 주석의 합금. 주조용·압연제 따위로 쓰임.	시멘트.

炭	鑛	金	塊	亞	鉛	靑	銅	洋	灰
석탄 **탄**	광석 **광**	금 **금**	덩어리 **괴**	버금 **아**	납 **연**	푸를 **청**	구리 **동**	서양 **양**	석회 **회**

苦盡甘來
고진감래
고생이 끝나면 즐거움이 옴.

교양한자 익히며 쓰기

乾坤(건곤)	季節(계절)	閏年(윤년)	寧日(영일)	朝夕(조석)
① 하늘과 땅. 천지(天地). ② 음양(陰陽). ③ 건방(乾方)과 곤방(坤方).	한 해를 봄·여름·가을·겨울의 네 시기로 구분한 시기. 철.	윤달이나 윤일(閏日)이 든 해. 반 평년(平年).	무사하고 평화로운 날.	아침과 저녁. 단모(旦暮)·흔석(昕夕).

乾	坤	季	節	閏	年	寧	日	朝	夕
하늘 건	땅 곤	철 계	마디 절	윤달 윤	해 년	편안할 녕	날 일	아침 조	저녁 석

過猶不及 과유불급 — 지나친 것이나 모자란 것이나 다 같이 좋지 않음. 사물(事物)은 중용(中庸)을 중히 여김.

교양한자 익히며 쓰기

春色(춘색)	元旦(원단)	歲暮(세모)	歸省(귀성)	寸陰(촌음)
봄의 아름다운 빛. 봄 빛.	① 설날. ② 설날 아침. 원조(元朝)·정조(正朝)·원신(元辰).	한 해의 마지막 때. 세밑.	고향에 돌아가 어버이를 뵘. 귀근(歸覲).	얼마 못 되는 짧은 시간. 촌각(寸刻)·촌구·촌시(寸時).

春	色	元	旦	歲	暮	歸	省	寸	陰
봄 춘	빛 색	으뜸 원	아침 단	해 세	저물 모	돌아갈 귀	볼 성	마디 촌	세월 음
春	色	元	旦	歲	暮	歸	省	寸	陰
春	色	元	旦	歲	暮	歸	省	寸	陰
春	色	元	旦	歲	暮	歸	省	寸	陰

刮目相對 괄목상대	괄목하고 대면함. 남의 학식이 부쩍 는 것을 놀라 쓰는 말.

교양한자 익히며 쓰기

零下(영하)	納涼(납량)	寒暑(한서)	冷凍(냉동)	現代(현대)
온도계의 빙점 이하.	여름에 더위를 피하여 시원한 바람을 쐼.	① 추위와 더위. ② 겨울과 여름.	냉각시켜서 얼림. 예) 냉동시설(冷凍施設).	① 지금의 시대. ② 국사에서는 고종(高宗)·순종(純宗) 시대 이후.

零	下	納	涼	寒	暑	冷	凍	現	代
떨어질 영	아래 하	들일 납	서늘할 량	찰 한	더울 서	찰 냉	얼 동	지금 현	세대 대
零	下	納	涼	寒	暑	冷	凍	現	代
零	下	納	涼	寒	暑	冷	凍	現	代
零	下	納	涼	寒	暑	冷	凍	現	代

群鷄一鶴 군계일학	닭 무리 속에 끼어 있는 한 마리의 학이란 뜻으로 평범한 사람 가운데의 뛰어난 사람을 이르는 말. 계군일학(鷄群一鶴).

暫定(잠정)	頃刻(경각)	黃昏(황혼)	原始(원시)	終了(종료)
어떤 일을 임시로 정함.	눈 깜박할 동안. 삽시간·경각간(頃刻間).	① 해가 지고 어둑어둑할 때. ② 한창인 고비가 지난 때.	① 처음. 근본. ② 자연 그대로 있음. 원생(原生).	일을 끝냄. 완료(完了).

暫	定	頃	刻	黃	昏	原	始	終	了
잠깐 잠	정할 정	잠깐 경	시각 각	누를 황	어두울 혼	근원 원	처음 시	마칠 종	마칠 료

勸善懲惡 권선징악 — 착한 일을 권장하고 악한 일을 징계함.

교양한자 익히며 쓰기

早晚(조만)	恒時(항시)	期限(기한)	大韓(대한)	隣邦(인방)
이름과 늦음. 예) 조만간(早晩間).	보통 때. 상시(常時).	미리 정하는 때. 한(限).	대한민국(大韓民國). 우리나라의 국호(國號).	이웃나라. 인국(隣國).

早	晚	恒	時	期	限	大	韓	隣	邦
일찍 조	늦을 만	항상 항	때 시	기약할 기	한정할 한	클 대	나라이름 한	이웃할 린	나라 방
早	晚	恒	時	期	限	大	韓	隣	邦
早	晚	恒	時	期	限	大	韓	隣	邦
早	晚	恒	時	期	限	大	韓	隣	邦

克己復禮 극기복례	자기의 사욕이나 사념을 양심과 이성으로 눌러 이기어 응당 알아서 지켜야 할 사람의 도리를 좇아 행한다는 뜻.

執權(집권)	外患(외환)	南國(남국)	再建(재건)	復舊(복구)
① 정권을 잡음 ② 권력을 가짐.	① 외적이 침범하는 근심. ② 외부에서 받는 걱정.	남쪽에 위치한 나라.	무너진 것을 다시 일으켜 세움.	① 그 전의 상태로 회복함. ② 손실을 회복함.

執	權	外	患	南	國	再	建	復	舊
잡을 집	권세 권	바깥 외	근심 환	남녘 남	나라 국	거듭 재	세울 건	회복할 복	옛 구
執	權	外	患	南	國	再	建	復	舊
執	權	外	患	南	國	再	建	復	舊
執	權	外	患	南	國	再	建	復	舊

錦上添花 금상첨화	'여창잉첨금상화(麗唱仍添錦上花)'라는 왕안석(王安石)의 글에서 온 말. 좋은 일에 또 좋은 일이 더함.

교양한자 익히며 쓰기

測量(측량)	架橋(가교)	堤防(제방)	故鄕(고향)	近郊(근교)
물건의 크기·위치·방위·방향을 재어서 헤아림.	다리를 놓음. 예) 우정의 가교(架橋).	홍수를 막기 위하여 쌓은 둑.	자기가 태어나고 자라난 고장. 가산(家山). 고산(故山). 고원(故園).	도시에 가까운 주변.

測	量	架	橋	堤	防	故	鄕	近	郊
헤아릴 측	헤아릴 량	건너지를 가	다리 교	둑 제	막을 방	연고 고	시골 향	가까울 근	들 교
測	量	架	橋	堤	防	故	鄕	近	郊
測	量	架	橋	堤	防	故	鄕	近	郊
測	量	架	橋	堤	防	故	鄕	近	郊

錦衣還鄕 금의환향	출세를 하고 고향에 돌아옴. 금의주행(錦衣晝行). 환마(還馬).

교양한자 익히며 쓰기

驛前(역전)	廣場(광장)	洞里(동리)	區域(구역)	京畿(경기)
정거장 앞. 역두(驛頭).	너른 마당. 너른 빈 터.	지방 행정 구역인 동(洞)과 리(里).	갈라 놓은 지역.	서울을 중심으로 가까이 뻗어 있는 행정 구역. 기내(畿內).

驛	前	廣	場	洞	里	區	域	京	畿
역 **역**	앞 **전**	넓을 **광**	마당 **장**	마을 **동**	마을 **리**	나눌 **구**	지경 **역**	서울 **경**	경기 **기**

| 南柯一夢 남가일몽 | 중국 당(唐)나라의 소설 〈남가기(南柯記)〉에서 유래한 말. 꿈과 같이 헛된 한 때의 부귀와 영화. 남가지몽(南柯之夢). |

咸池(함지)	錦江(금강)	銀嶺(은령)	憲法(헌법)	質疑(질의)
해가 진다는 큰 못.	전라북도와 충청남도 사이의 강 이름.	눈이 하얗게 덮인 재나 산.	① 근본이 되는 법규. ② 국가 존립의 기본적 조건을 규정한 근본법.	의심 나는 점을 물어서 밝힘.

咸	池	錦	江	銀	嶺	憲	法	質	疑
다 함	못 지	비단 금	강 강	은빛 은	재 령	법 헌	법 법	바탕 질	의심할 의
咸	池	錦	江	銀	嶺	憲	法	質	疑
咸	池	錦	江	銀	嶺	憲	法	質	疑
咸	池	錦	江	銀	嶺	憲	法	質	疑

囊中之錐 낭중지추	주머니 속에 든 송곳이 끝이 뾰족하여 밖으로 나오는 것과 같이, 재능이 뛰어난 사람은 많은 사람 중에 섞여 있을지라도 눈에 드러난다는 뜻.

應答(응답)	改議(개의)	否決(부결)	更訂(경정)	與野(여야)
물음에 대답함. 답응(答應).	① 고쳐 의논함. ② 회의에서 동의를 고침.	의논한 일에 대하여 옳지 안하고 하는 결정.	변경시키어 고침. 갱정.	여당과 야당.

應	答	改	議	否	決	更	訂	與	野
응할 응	대답할 답	고칠 개	의논할 의	아니 부	정할 결	바꿀 경	바로잡을 정	참여할 여	들 야
應	答	改	議	否	決	更	訂	與	野
應	答	改	議	否	決	更	訂	與	野
應	答	改	議	否	決	更	訂	與	野

勞心焦思 노심초사	마음으로 애를 쓰며 속을 태움.

選擧(선거)	政局(정국)	黨員(당원)	妥協(타협)	慣例(관례)
여러 사람 가운데서 대표자를 뽑아 냄.	정계의 판국. 예) 정국(政局)의 안정(安定).	당을 구성하고 있는 사람. 당인(黨人).	두 편이 서로 좋도록 협의함.	습관이 된 전례(前例).

選	擧	政	局	黨	員	妥	協	慣	例
뽑을 선	들 거	정사 정	판 국	무리 당	관원 원	온당할 타	도울 협	익숙할 관	보기 례
選	擧	政	局	黨	員	妥	協	慣	例
選	擧	政	局	黨	員	妥	協	慣	例
選	擧	政	局	黨	員	妥	協	慣	例

論功行賞
논공행상

공의 유무·대소를 논결하여 각각 알맞는 상을 주는 일.

訴訟(소송)	刑罰(형벌)	召還(소환)	釋放(석방)	陳述(진술)
법률상의 판결을 법원에 요구하는 절차.	국가가 범죄를 저지른 사람에게 주는 제재. 형죄(刑罪).	일을 마치기 전에 불러 돌아오게 함.	가두었던 사람을 놓아줌. 방면(放免). 방석(放釋).	자세히 말함. 예) 피해자의 진술(陳述).

訴	訟	刑	罰	召	還	釋	放	陳	述
송사할 소	송사할 송	형벌할 형	벌 벌	부를 소	돌아올 환	풀 석	놓을 방	베풀 진	말할 술
訴	訟	刑	罰	召	還	釋	放	陳	述
訴	訟	刑	罰	召	還	釋	放	陳	述
訴	訟	刑	罰	召	還	釋	放	陳	述

累卵之危 누란지위	쌓아 놓은 새알처럼 몹시 위험한 상태.

犯罪(범죄)	條項(조항)	證據(증거)	拘禁(구금)	姦淫(간음)
죄를 지음. 또는 지은 죄.	낱낱이 들어 벌인 일의 가닥. 조목(條目).	어떠한 사실을 증명할 만한 근거.	죄인을 잡아 자유를 얽매는 일.	부부간이 아닌 남녀의 성적(性的) 관계.

犯	罪	條	項	證	據	拘	禁	姦	淫
범할 범	허물 죄	조목 조	조목 항	증거 증	의거할 거	잡을 구	금할 금	간음할 간	음란할 음

丹脣皓齒
단순호치

썩 아름다운 여자의 얼굴 모양. 미인(美人)의 용모.

詐欺(사기)	戶籍(호적)	抄本(초본)	租稅(조세)	賦課(부과)
남을 꾀로 속여 해침.	호수나 식구별로 기록한 장부.	골라서 베껴낸 글발. 원본의 일부를 베끼거나 발췌한 문서.	국가 또는 지방 단체가 경비를 쓰기 위해 국민에게 받는 돈.	구실을 물리려고 그것을 매김.

詐	欺	戶	籍	抄	本	租	稅	賦	課
속일 **사**	속일 **기**	집 **호**	문서 **적**	베낄 **초**	근본 **본**	세금 **조**	세금 **세**	줄 **부**	매길 **과**

大器晩成
대기만성

노자(老子)의 '대방무우 대기만성(大方無隅 大器晩成)'에서 유래한 말. 큰 솥이나 큰 종같은 것을 주조하는 데에는 시간이 오래 걸리듯이 사람도 큰 재주는 일찍 성취되는 것이 아니라는 말.

교양한자 익히며 쓰기

補償(보상)	團束(단속)	領導(영도)	官廳(관청)	署名(서명)
남의 손해를 채워 줌.	경계를 단단히하여 다잡음.	거느려 이끎. 예) 영도자(領導者).	관리로서 조직하여 국가의 사무를 맡아 보는 기관.	서류 따위에 책임자가 손수 이름을 씀. 착서(着署).

補	償	團	束	領	導	官	廳	署	名
기울 보	갚을 상	단속할 단	묶을 속	다스릴 영	인도할 도	벼슬 관	관청 청	서명할 서	이름 명
補	償	團	束	領	導	官	廳	署	名
補	償	團	束	領	導	官	廳	署	名
補	償	團	束	領	導	官	廳	署	名

獨不將軍 독불장군	① 여러 사람과 사이가 틀어져 외롭게 된 사람. ② 무슨 일이나 제 생각대로 처리하여 나가는 사람. ③ 혼자서는 장군이 못 된다는 뜻으로, 남과 협조하여야 한다는 말.

赴任(부임)	罷免(파면)	懲戒(징계)	隊列(대열)	訓練(훈련)
일을 맡아 볼자리에 감.	직무를 면제시킴. 파출(罷黜).	부정(不正)·부당(不當)한 행위에 대하여 제재(制裁)를 가(加)함.	대를 지어 늘어선 행렬.	실무(實務)를 배워 익힘.

赴	任	罷	免	懲	戒	隊	列	訓	練
다다를 부	맡을 임	파할 파	내칠 면	징계할 징	경계할 계	떼 대	줄 렬	가르칠 훈	익힐 련
赴	任	罷	免	懲	戒	隊	列	訓	練
赴	任	罷	免	懲	戒	隊	列	訓	練
赴	任	罷	免	懲	戒	隊	列	訓	練

同病相憐 동병상련	① 같은 병을 앓는 사람끼리 서로 가엾게 여김. ② 어려운 처지에 있는 사람끼리 서로 동정하고 도움.

紀綱(기강)	鍊武(연무)	利敵(이적)	挑戰(도전)	被侵(피침)
① 기율과 법강. ② 정치의 대강(大綱). 예) 기강확립(紀綱確立).	무술을 단련함.	적을 이롭게 함. 예) 이적행위(利敵行爲).	싸움을 돋움. 싸움을 걺.	① 침범을 당함. ② 저촉이 됨.

紀	綱	鍊	武	利	敵	挑	戰	被	侵
규율 기	벼리 강	단련할 련	호반 무	이로울 리	원수 적	집적거릴 도	싸울 전	입을 피	침노할 침
紀	綱	鍊	武	利	敵	挑	戰	被	侵
紀	綱	鍊	武	利	敵	挑	戰	被	侵
紀	綱	鍊	武	利	敵	挑	戰	被	侵

燈下不明 등하불명	등잔 밑이 어둡다는 뜻으로, 가까이 있는 것이 도리어 알아 내기 어려움을 이르는 말.

遠征(원정)	討伐(토벌)	派遣(파견)	操縱(조종)	照準(조준)
① 멀리 정벌(征伐)을 감. ② 먼 데로 시합 따위를 하러 감.	죄 있는 무리를 군사로 침.	임무를 띠게하여 사람을 보냄.	마음대로 다루어 부림. 예) 조종사(操縱士).	겨양하여 보는 표준.

遠	征	討	伐	派	遣	操	縱	照	準
멀 원	칠 정	칠 토	벨 벌	보낼 파	보낼 견	잡을 조	놓아줄 종	비출 조	고를 준
遠	征	討	伐	派	遣	操	縱	照	準
遠	征	討	伐	派	遣	操	縱	照	準
遠	征	討	伐	派	遣	操	縱	照	準

燈火可親 등화가친	가을이 들어 서늘하면 밤에 등불을 가까이하여 글 읽기에 심기(心氣)가 좋다는 말.

교양한자 익히며 쓰기

銃劍(총검)	爆擊(폭격)	破片(파편)	軍糧(군량)	騎馬(기마)
① 총과 칼. ② 총 끝에 꽂은 칼.	비행기에서 폭탄을 떨구어 적의 중요 시설을 파괴하는 것.	깨뜨려진 조각.	군대에서 사용하는 양식 예) 군량미 (軍糧米).	① 말을 탐. ② 타는 말. 예) 기마부대(騎馬部隊).

銃	劍	爆	擊	破	片	軍	糧	騎	馬
총 **총**	칼 **검**	폭발할 **폭**	칠 **격**	깨뜨릴 **파**	조각 **편**	군사 **군**	양식 **량**	말탈 **기**	말 **마**
銃	劍	爆	擊	破	片	軍	糧	騎	馬
銃	劍	爆	擊	破	片	軍	糧	騎	馬
銃	劍	爆	擊	破	片	軍	糧	騎	馬

望雲之情 망운지정	자식이 타향에서 고향의 부모를 그리는 마음.

策略(책략)	斥候(척후)	命令(명령)	倫理(윤리)	賢哲(현철)
모책(謀策)과 방략(方略).	적의 형편 또는 지형 따위를 정찰하고 수색함. 후자(候者).	윗사람이 시키는 분부.	사람이 지켜야할 도리. 인륜(人倫).	어질고 사리에 밝음. 또는 그 사람.

策	略	斥	候	命	令	倫	理	賢	哲
꾀 책	꾀 략	망볼 척	염탐할 후	명령 명	명령할 령	인륜 륜	도리 리	어질 현	밝을 철
策	略	斥	候	命	令	倫	理	賢	哲
策	略	斥	候	命	令	倫	理	賢	哲
策	略	斥	候	命	令	倫	理	賢	哲

滅私奉公 멸사봉공	사(私)를 버리고 공(公)을 위하여 힘써 일함.

道義(도의)	敬愛(경애)	順從(순종)	勤愼(근신)	因習(인습)
사람이 응당 행해야할 도덕성의 의리.	공경하고 사랑함.	순순히 복종함. 복종(服從).	언행을 삼가고 조심함.	이전부터 전하여 몸에 젖은 풍습(風習).

道	義	敬	愛	順	從	勤	愼	因	習
도리 도	의리 의	공경할 경	사랑할 애	순할 순	따를 종	삼갈 근	삼갈 신	인할 인	버릇 습
道	義	敬	愛	順	從	勤	愼	因	習
道	義	敬	愛	順	從	勤	愼	因	習
道	義	敬	愛	順	從	勤	愼	因	習

明鏡止水
명경지수

① 맑은 거울과 조용한 물. 맑고 고요한 심경(心境)을 이름. ② 사념(邪念)이 없고 맑고 깨끗한 마음.

교양한자 익히며 쓰기

契約(계약)	履歷(이력)	規範(규범)	啓蒙(계몽)	懸賞(현상)
사람 사이의 약속. 약정(約定).	지금까지의 학업·직업 따위의 경력(經歷).	본보기가 될 만한 제도. 규모(規模).	어린아이나 무식한 사람을 가르쳐 깨우침.	상을 겲. 상을 줌을 조선으로 함.

契	約	履	歷	規	範	啓	蒙	懸	賞
맺을 계	약속할 약	밟을 리	지낼 력	법 규	본보기 범	열 계	어릴 몽	걸 현	상줄 상
契	約	履	歷	規	範	啓	蒙	懸	賞
契	約	履	歷	規	範	啓	蒙	懸	賞
契	約	履	歷	規	範	啓	蒙	懸	賞

名實相符
명실상부 — 이름과 실제가 딱 들어 맞음. 이름그대로 임.

奉仕(봉사)	調査(조사)	遵守(준수)	慰勞(위로)	交涉(교섭)
① 남의 뜻을 받들어 섬김. ② 남을 위해 노력함.	사물의 내용을 자세히 살펴 봄.	그대로 좇아 지킴. 예) 범규준수(法規遵守).	수고나 괴로움을 어루만짐. 예) 위로여행(慰勞旅行).	일을 이루기 위하여 서로 의논함.

奉	仕	調	査	遵	守	慰	勞	交	涉
받들 봉	섬길 사	고를 조	조사할 사	좇을 준	지킬 수	위로할 위	수고로울 로	사귈 교	관계할 섭
奉	仕	調	査	遵	守	慰	勞	交	涉
奉	仕	調	査	遵	守	慰	勞	交	涉
奉	仕	調	査	遵	守	慰	勞	交	涉

無所不知 무소부지	모르는 것이 없음.

汚染(오염)	屈折(굴절)	燃燒(연소)	振幅(진폭)	頻度(빈도)
더럽게 물듦. 염오(染汚). 예) 대기오염(大氣汚染).	휘어 꺾임. 예) 굴절광선(屈折光線).	물건이 탐. 예) 연소물(燃燒物).	물체가 정지하고 있는 위치에서 진동의 극점에 이르는 거리.	잦은 도수. 예) 출제빈도(出題頻度).

汚	染	屈	折	燃	燒	振	幅	頻	度
더러울 오	물들 염	굽을 굴	꺾을 절	불탈 연	불사를 소	떨 진	넓이 폭	잦을 빈	정도 도
汚	染	屈	折	燃	燒	振	幅	頻	度
汚	染	屈	折	燃	燒	振	幅	頻	度
汚	染	屈	折	燃	燒	振	幅	頻	度

聞一知十 문일지십	한 가지를 듣고 열 가지를 미루어 앎. 재주의 총명함을 비유한 말.

교양한자 익히며 쓰기

漏電(누전)	媒介(매개)	鹽酸(염산)	丸藥(환약)	銀紙(은지)
습기를 타고 새어 나간 전기의 흐름.	중간에서 관계를 맺어 줌. 예) 매개물(媒介物).	염화 수소의 수용액.	둥근 모양으로 만든 약(藥).	은종이.

漏	電	媒	介	鹽	酸	丸	藥	銀	紙
샐 루	전기 전	중매 매	끼일 개	소금 염	실 산	알 환	약 약	은 은	종이 지
漏	電	媒	介	鹽	酸	丸	藥	銀	紙
漏	電	媒	介	鹽	酸	丸	藥	銀	紙
漏	電	媒	介	鹽	酸	丸	藥	銀	紙

拔本塞源 발본색원	폐단의 근원(根源)을 아주 뽑아서 없애 버림.

藍色(남색)	冥府(명부)	坐禪(좌선)	靈魂(영혼)	慈悲(자비)
푸른빛과 자주빛과의 사이 빛. 남빛.	사람이 죽으면 간다는 명계(冥界)의 법정(法廷).	고요히 앉아서 참선(參禪)함.	인간 활동의 원동력으로 생각되는 정신적 실체(實體).	사랑하고 불쌍히 여김.

藍	色	冥	府	坐	禪	靈	魂	慈	悲
쪽 람	빛 색	저승 명	고을 부	앉을 좌	좌선할 선	영혼 령	넋 혼	사랑 자	슬퍼할 비
藍	色	冥	府	坐	禪	靈	魂	慈	悲
藍	色	冥	府	坐	禪	靈	魂	慈	悲
藍	色	冥	府	坐	禪	靈	魂	慈	悲

百年河清 백년하청	'중국의 황하(黃河)가 항상 흐리어 맑을 때가 없다.'는 데서 나온 말로. 아무리 오래 되어도 사물이 이루어지기 어려움을 일컫는 말.

世俗(세속)	寺院(사원)	煩惱(번뇌)	僧舞(승무)	信仰(신앙)
① 세상의 풍속. 속간(俗間) ② 삼구(三仇)의 하나.	① 절이나 암자. ② 천주교의 성당이나 수도원(修道院).	마음이 시달려서 괴로움.	고깔을 쓰고 장삼을 입고 중처럼 차리고서 풍류에 맞춰 추는 춤.	믿고 받드는 일. 예) 신앙생활(信仰生活).

世	俗	寺	院	煩	惱	僧	舞	信	仰
세상 세	속될 속	절 사	집 원	번민할 번	괴로워할 뇌	중 승	춤출 무	믿을 신	우러를 앙
世	俗	寺	院	煩	惱	僧	舞	信	仰
世	俗	寺	院	煩	惱	僧	舞	信	仰
世	俗	寺	院	煩	惱	僧	舞	信	仰

百尺竿頭 백척간두	높은 장대 끝에 섰다는 말로, 막다른 위험에 빠진 것을 일컫는 말.

祈願(기원)	讚頌(찬송)	尋訪(심방)	鬼神(귀신)	占卜(점복)
소원을 빎. 발원(發願).	덕을 찬미하여 기림.	방문하여 찾아 봄. 심문(尋問).	① 사람이 죽은 넋. ② 사람에게 복과 화를 준다고 하는 정령.	① 점을 쳐서 길흉을 예견함. ② 점술(占術)과 복술(卜術).

祈	願	讚	頌	尋	訪	鬼	神	占	卜
빌 기	원할 원	기릴 찬	칭송할 송	찾을 심	찾을 방	귀신 귀	귀신 신	점칠 점	점 복

夫唱婦隨
부창부수

남편의 주장에 아내가 이에 따른 것이 부부 화합(和合)의 도(道)라는 뜻.

健康(건강)	衰弱(쇠약)	醫師(의사)	看護(간호)	檢疫(검역)
몸이 튼튼하고 병이 없음.	쇠퇴하여 약해짐.	의술에 의하여 병을 고치는 일을 하는 사람.	병자 또는 어린 아이 등을 보살펴 돌봄.	전염병을 막으려고 승객의 병원체 보유 여부를 검사하는 일.

健	康	衰	弱	醫	師	看	護	檢	疫
굳셀 건	편안할 강	약할 쇠	약할 약	병고칠 의	스승 사	지켜볼 간	보호할 호	검사할 검	전염병 역

附和雷同
부화뇌동

일정한 견식(見識)이 없이 남의 말에 이유 없이 찬성하여 같이 행동함.

痛症(통증)	整形(정형)	細菌(세균)	血脈(혈맥)	肺疾(폐질)
아픈 증세.	모양을 바르게 함.	박테리아. 생물체의 최하층의 생활체.	혈액이 통하는 맥관(脈管).	폐결핵(肺結核)을 줄여서 하는 말.

痛	症	整	形	細	菌	血	脈	肺	疾
아플 통	병증세 증	가지런할 정	형상 형	가늘 세	세균 균	피 혈	줄기 맥	허파 폐	병 질
痛	症	整	形	細	菌	血	脈	肺	疾
痛	症	整	形	細	菌	血	脈	肺	疾
痛	症	整	形	細	菌	血	脈	肺	疾

不問曲直 불문곡직	옳고 그른 것을 묻지 아니함.

卽效(즉효)	敎育(교육)	指針(지침)	兒童(아동)	校庭(교정)
즉시에 나타나는 효험.	가르쳐 기름. 예)교육입국(敎育立國).	지시(指示) 장치에 붙어 있는 바늘.	① 어린 아이. ② 초등학교에서 배우는 아이.	학교의 마당.

卽	效	敎	育	指	針	兒	童	校	庭
곧 즉	효험 효	가르칠 교	기를 육	가리킬 지	바늘 침	아이 아	아이 동	학교 교	뜰 정

不恥下問 불치하문: 모르는 것이 있으면 누구에게 물어서라도 알아야 한다는 말. 혹은 나이 어린 사람에게서라도 배워야 함을 말함.

掛圖(괘도)	試驗(시험)	合格(합격)	勉學(면학)	皆勤(개근)
설명을 위해 걸도록 만든 그림.	어떤 사물의 성질 등에 관하여 실지로 증험하여 봄.	격식 조건에 맞음. 또는 자격을 얻음.	배움에 힘씀. 예) 면학분위기(勉學雰圍氣).	하루도 빠짐없이 출석·출근 함.

掛	圖	試	驗	合	格	勉	學	皆	勤
걸 괘	그림 도	시험할 시	시험할 험	맞을 합	격식 격	힘 쓸 면	배울 학	다 개	부지런할 근
掛	圖	試	驗	合	格	勉	學	皆	勤
掛	圖	試	驗	合	格	勉	學	皆	勤
掛	圖	試	驗	合	格	勉	學	皆	勤

沙上樓閣 사상누각	모래 위에 세운 다락집. 기초가 약하여 자빠질 염려가 있거나 오래 유지 못한 일. 또는 실현 불가능한 일을 비유한 말.

교양한자 익히며 쓰기

專攻(전공)	創造(창조)	施設(시설)	講壇(강단)	矯正(교정)
전문적으로 하는 연구. 전수(專修).	① 처음으로 만듦. ② 조물주가 우주를 처음 만듦.	베풀어 차림. 설시(設施).	강의나 설교를 할 때 올라서는 자리.	곧게 바로 잡음. 광정(匡正). 교구(矯捄).

專	攻	創	造	施	設	講	壇	矯	正
오로지 전	닦을 공	비롯할 창	지을 조	베풀 시	세울 설	강론할 강	제터 단	바로잡을 교	바를 정

事必歸正 사필귀정: 만사(萬事)는 반드시 정리(正理)로 돌아감.

周圍(주위)	環境(환경)	娛樂(오락)	觀覽(관람)	初段(초단)
어떤 지점의 바깥 둘레. 주회(周回).	생활체(生活體)를 둘러싸고 있는 일체의 사물.	즐겨 노는 놀이. 환락(歡樂).	연극이나 영화 등을 구경함.	당수·유도·검도·바둑 등의 첫째의 단.

周	圍	環	境	娛	樂	觀	覽	初	段
두루 주	둘레 위	두를 환	지경 경	즐거워할 오	즐길 락	볼 관	볼 람	처음 초	층계 단
周	圍	環	境	娛	樂	觀	覽	初	段
周	圍	環	境	娛	樂	觀	覽	初	段
周	圍	環	境	娛	樂	觀	覽	初	段

森羅萬象 삼라만상	우주 사이에 벌여 있는 온갖 사물의 현상.

研究(연구)	記憶(기억)	視聽(시청)	錄音(녹음)	取捨(취사)
어떤 일에 대하여 깊이 생각하고 사리를 따지어 보는 일.	잊지 않고 외어 둠.	눈으로 봄과 귀로 들음.	레코드나 영화필름에 소리를 기록하는 일.	취할 것은 취하고 버릴 것은 버림. 취사선택(取捨選擇)의 약어.

研	究	記	憶	視	聽	錄	音	取	捨
연구할 연	궁구할 구	기억할 기	기억할 억	볼 시	들을 청	기록할 록	소리 음	취할 취	버릴 사

三人成虎 삼인성호	'거리에 범이 나왔다고 여러 사람이 다 함께 말하면 거짓말이라도 참말로 듣든다.'는 말로, 근거 없는 말이라도 여러 사람이 말하면 곧이 듣는다는 뜻.

發送(발송)	斯界(사계)	盲點(맹점)	競技(경기)	審判(심판)
물건·편지 따위를 부침.	그러한 전문의 방면. 그 방면의 사회.	어떠한 일에 생각이 미치지 못한 점.	서로 재주를 견주어 낫고 못함을 다툼.	사건을 헤아리고 살펴서 판단 또는 판결함.

發	送	斯	界	盲	點	競	技	審	判
필 **발**	보낼 **송**	이것 **사**	지경 **계**	무지할 **맹**	점 **점**	다툴 **경**	재주 **기**	살필 **심**	판단할 **판**

三遷之敎
삼천지교

맹자(孟子)의 어머니가 맹자를 가르치기 위하여 집을 세 번 옮긴 일. 준) 삼천(三遷).

排球(배구)	圓盤(원반)	拳鬪(권투)	裝備(장비)	停車(정거)
코트 중앙에 네트를 티고 볼을 받아치는 경기.	원반 던지기에 쓰는 운동 기구의 하나.	양손에 글러브를 끼고, 서로 공격·방어하는 경기의 하나.	부속품·비품 따위를 장치하는 일.	가던 차가 머무름. 또는 머무르게 함.

排球 圓盤 拳鬪 裝備 停車

밀 배	공 구	둥글 원	쟁반 반	주먹 권	싸울 투	꾸밀 장	갖출 비	머무를 정	수레 거
排	球	圓	盤	拳	鬪	裝	備	停	車
排	球	圓	盤	拳	鬪	裝	備	停	車
排	球	圓	盤	拳	鬪	裝	備	停	車

塞翁之馬
새옹지마 — 모든 것이 전전(轉轉)하여 무상(無常)하니 인생의 길흉(吉凶)·화복(禍福)이란 항시 바뀌어 예측할 수 없는 것이라는 비유.

渡航(도항)	距離(거리)	郵便(우편)	社則(사칙)	企劃(기획)
배를 타고 바다를 건너감.	서로 떨어진 사이의 먼 정도.	여러 사람을 위하여 통신을 맡아 보는 업무.	회사나 결사(結社) 단체의 규칙.	일을 꾸밈. 계획.

渡	航	距	離	郵	便	社	則	企	劃
건널 도	배로물건널 항	떨어질 거	떨어질 리	우편 우	편할 편	단체 사	법 칙	꾀할 기	그을 획
渡	航	距	離	郵	便	社	則	企	劃
渡	航	距	離	郵	便	社	則	企	劃
渡	航	距	離	郵	便	社	則	企	劃

先見之明 선견지명	일을 미리 짐작하는 밝은 지혜.

共存(공존)	能率(능률)	重鎮(중진)	幹部(간부)	貨幣(화폐)
① 함께 있음. ② 함께 도우며 살아 나감.	일정한 시간에 해낼 수 있는 일의 비율.	권력을 잡고 중요한 자리에 있는 사람.	단체의 우두머리되는 사람들.	사회에 유통하여 교환의 매개로 쓰이는 물건. 돈.

共	存	能	率	重	鎭	幹	部	貨	幣
함께 공	있을 존	능할 능	비율 률	무거울 중	누를 진	줄기 간	거느릴 부	화폐 화	돈 폐
共	存	能	率	重	鎭	幹	部	貨	幣
共	存	能	率	重	鎭	幹	部	貨	幣
共	存	能	率	重	鎭	幹	部	貨	幣

先公後私
선공후사

공을 먼저 하고 사는 뒤로 함. 공사(公事)는 먼저 하고 사사(私事)는 나중에 함.

價値(가치)	需要(수요)	供給(공급)	消費(소비)	貯蓄(저축)
사물이 지니고 있는 중요성. 값.	필요해서 얻고자 함. 소용됨.	요구하는 물품을 대어 줌. 예) 공급인(供給人).	써서 없앰. 예) 소비절약(消費節約).	절약하여 모아 둠.

價值 需要 供給 消費 貯蓄

값 가	값 치	구할 수	구할 요	바칠 공	줄 급	사라질 소	소비할 비	쌓을 저	쌓을 축
價	値	需	要	供	給	消	費	貯	蓄
價	値	需	要	供	給	消	費	貯	蓄
價	値	需	要	供	給	消	費	貯	蓄

雪上加霜
설상가상

눈 위에 서리가 덮인다는 뜻으로 불행한 일이 엎친 데 덮쳐서 거듭 일어남을 비유하는 말. 설상가설(雪上加雪).

擔保(담보)	債務(채무)	對替(대체)	借用(차용)	等級(등급)
맡아서 보증함. 예) 집을 담보(擔保)로 하여 돈을 빌다.	특정한 사람에게 어떤 급부(給付)를 행하여야 할 의무.	어떤 계정의 금액을 한 계정에서 다른 계정으로 옮겨 적는 일.	물건이나 돈을 빌리거나 꾸어 씀. 채용(債用).	① 높낮이의 차례. ② 계급(戒急). 예) 육등급(六等級).

擔	保	債	務	對	替	借	用	等	級
질 담	보호할 보	빚 채	직무 무	대할 대	바꿀 체	빌릴 차	쓸 용	등급 등	등급 급
擔	保	債	務	對	替	借	用	等	級
擔	保	債	務	對	替	借	用	等	級
擔	保	債	務	對	替	借	用	等	級

束手無策 속수무책	어찌 할 방책(方策)이 없어 손을 묶은 듯이 꼼짝할 수 없음.

貧富(빈부)	桑田(상전)	碧海(벽해)	土壤(토양)	增産(증산)
가난과 부유. 가난한 사람과 잘 사는 사람.	뽕나무 밭. 상원(桑園).	깊고 푸른 바다. 예) 상전벽해(桑田碧海).	흙. 예) 토양개량(土壤改良).	산출량이 늚. 생산량을 늘임.

貧	富	桑	田	碧	海	土	壤	增	産
가난할 빈	넉넉할 부	뽕나무 상	밭 전	푸를 벽	바다 해	흙 토	흙 양	더할 증	낳을 산
貧	富	桑	田	碧	海	土	壤	增	産
貧	富	桑	田	碧	海	土	壤	增	産
貧	富	桑	田	碧	海	土	壤	增	産

送舊迎新
송구영신

묵은 해를 보내고 새 해를 맞음. 준) 송영(送迎).

교양한자 익히며 쓰기

苗板(묘판)	播種(파종)	栽培(재배)	肥料(비료)	秋收(추수)
볏모를 기르는 논. 못자리.	논밭에 곡식의 씨앗을 뿌리어 심음. 하종(下種).	초목을 심어서 기름. 배재(培栽).	식물을 잘 자라게 하려고 흙에 주는 양분. 거름.	가을에 익은 곡식을 거두어 들이는 일. 가을걷이.

苗	板	播	種	栽	培	肥	料	秋	收
모종 묘	널 판	씨뿌릴 파	종자 종	심을 재	북돋울 배	거름 비	감 료	가을 추	거둘 수
苗	板	播	種	栽	培	肥	料	秋	收
苗	板	播	種	栽	培	肥	料	秋	收
苗	板	播	種	栽	培	肥	料	秋	收

首邱初心 수구초심	'여욱 죽을 때 머리를 제가 살던 굴로 둔다.'는 데서, 고향을 그리워하는 마음을 이름.

牧畜(목축)	蔬菜(소채)	養蠶(양잠)	園藝(원예)	粉末(분말)
마소와 양 등을 기름. 목양(牧養).	채소류의 나물. 채소(菜蔬).	누에를 기름. 예) 양잠장려(養蠶奬勵).	채소·화초·과목(果木) 등을 심어 가꾸는 일.	부스러져 잘게된 것. 가루.

牧	畜	蔬	菜	養	蠶	園	藝	粉	末
기를 목	가축 축	나물 소	나물 채	기를 양	누에 잠	동산 원	재주 예	가루 분	가루 말
牧	畜	蔬	菜	養	蠶	園	藝	粉	末
牧	畜	蔬	菜	養	蠶	園	藝	粉	末
牧	畜	蔬	菜	養	蠶	園	藝	粉	末

修身齊家 수신제가	심신(心身)을 닦고 집안을 다스리는 일.

교양한자 익히며 쓰기

機械(기계)	製糖(제당)	絹織(견직)	分析(분석)	赤字(적자)
여러 기관이 서로 어울려 힘을 받아 움직이는 틀.	사탕을 만듦.	명주실로 짠 피류. 견직물(絹織物)의 약어.	낱낱이 나눠서 가름.	수지(收支) 결산(決算)에서 지출이 수입보다 많은 일.

機	械	製	糖	絹	織	分	析	赤	字
기계 기	기계 계	지을 제	사탕 당	비단 견	짤 직	나눌 분	쪼갤 석	붉을 적	글자 자

守株待兎
수주대토

① 요행을 바라고 헛되이 세월을 보냄. ② 부질없이 구습(舊習)과 전례(前例)에만 구애(拘碍)되어 시변(時變)에 처(處)하는 것을 모름을 이름.

貿易(무역)	株式(주식)	投資(투자)	換錢(환전)	總額(총액)
물품을 팔고 사고 바꿈질을 함. 외국과의 상품 거래를 일컬음.	주식회사의 총자본을 주(株)의 수에 따라 나눈 자본의 단위.	일의 밑천을 댐. 예) 투자금(投資金).	서로 종류가 다른 화폐와 화폐를 교환함. 예) 환전상(換錢商).	모두를 합한 액수. 전액(全額).

貿	易	株	式	投	資	換	錢	總	額
무역할 무	바꿀 역	주식 주	법 식	던질 투	재물 자	바꿀 환	돈 전	모을 총	수량 액
貿	易	株	式	投	資	換	錢	總	額
貿	易	株	式	投	資	換	錢	總	額
貿	易	株	式	投	資	換	錢	總	額

脣亡齒寒 순망치한: 서로 돕고 의지하는 사이에 하나가 망하면 다른 하나도 온전하게 되기 어렵다는 말.

교양한자 익히며 쓰기

計算(계산)	割引(할인)	支拂(지불)	入荷(입하)	積載(적재)
수량을 헤아림. 셈. 예) 계산방법(計算方法).	일정한 값에서 얼마를 감함. 예) 할인가격(割引價格).	돈을 내줌. 값을 치러 줌. 지발(支撥).	물건이 들어옴. 예) 냉장고 다량(多量) 입하(入荷).	물건을 실음.

計	算	割	引	支	拂	入	荷	積	載
셈할 계	셈할 산	나눌 할	끌 인	줄 지	치를 불	들어올 입	짐 하	쌓을 적	실을 재

乘勝長驅 승승장구	싸움에 이긴 기세를 타고 휘몰아치는 일.

委任(위임)	販路(판로)	商街(상가)	運輸(운수)	賣盡(매진)
① 맡김. ② 위탁하여 권리를 줌.	상품이 팔리는 방면이나 길. 예) 판로개척(販路開拓).	상점이 죽 늘어서 있는 거리.	여객이나 화물을 날라 보내는 일. 예) 운수업무(運輸業務).	모조리 팔림. 남김없이 다 팔림.

委	任	販	路	商	街	運	輸	賣	盡
맡길 위	맡길 임	팔 판	길 로	장사 상	거리 가	나를 운	실어낼 수	팔 매	다할 진
委	任	販	路	商	街	運	輸	賣	盡
委	任	販	路	商	街	運	輸	賣	盡
委	任	販	路	商	街	運	輸	賣	盡

始終一貫 시종일관	처음부터 끝까지 한결같이 관철(貫徹)함.

賃貸(임대)	父母(부모)	兄弟(형제)	姉妹(자매)	姑婦(고부)
임금을 받고 자기 물건을 빌려 주는 일.	아버지와 어머니. 예) 부모구존(父母俱存).	형과 아우. 곤계(昆季)·곤제(昆弟).	① 손위의 누이와 손아래의 누이. ② 여자끼리의 언니와 아우.	시어머니와 며느리. 고식.

賃	貸	父	母	兄	弟	姉	妹	姑	婦
세낼 **임**	빌릴 **대**	아버지 **부**	어머니 **모**	맏 **형**	아우 **제**	누이 **자**	손아래누이 **매**	시어미 **고**	며느리 **부**
賃	貸	父	母	兄	弟	姉	妹	姑	婦
賃	貸	父	母	兄	弟	姉	妹	姑	婦
賃	貸	父	母	兄	弟	姉	妹	姑	婦

信賞必罰 신상필벌	사을 줄 만한 훈공(勳功)이 있는 자에게는 반드시 상을 주고, 벌할 죄과(罪科)가 있는 자에게는 반드시 벌을 주는 일.

祖上(조상)	曾祖(증조)	叔姪(숙질)	良妻(양처)	姻戚(인척)
돌아간 어버이 위로 대대의 어른.	할아버지의 아버지. 예) 증조부(曾祖父).	아저씨와 조카. 예) 숙질간(叔姪間).	착한 아내. 현처(賢妻). 예) 현모 양처(賢母良妻).	외가와 처가에 딸린 겨레붙이. 예) 인척(姻戚)과 친척(親戚).

祖	上	曾	祖	叔	姪	良	妻	姻	戚
할아버지 조	위 상	일찍 증	할아비 조	아재비 숙	조카 질	어질 량	아내 처	혼인 인	겨레 척

身言書判 신언서판	① 사람이 갖추어야 할 네 가지 조건. 곧 신수(용모와 풍채)·말씨·문필(文筆)·판단력. ② 옛날부터 인물을 선택하던 네 가지 표준.

교양한자 익히며 쓰기

孝誠(효성)	衣裳(의상)	財寶(재보)	洗濯(세탁)	腰帶(요대)
마음을 다하여 어버이를 섬기는 정성.	① 저고리와 치마. 옷. ② 의복.	보배로운 재물.	빨래. 예) 기계세탁(機械洗濯).	허리띠.

孝	誠	衣	裳	財	寶	洗	濯	腰	帶
효도 효	정성 성	옷 의	치마 상	재물 재	보배 보	씻을 세	씻을 탁	허리 요	띠 대
孝	誠	衣	裳	財	寶	洗	濯	腰	帶
孝	誠	衣	裳	財	寶	洗	濯	腰	帶
孝	誠	衣	裳	財	寶	洗	濯	腰	帶

十匙一飯 십시일반	열 사람이 한 술씩 보태면 한 사람 먹을 분량이 된다는 뜻. 여럿이 힘을 합하면 한 사람을 돕기 쉽다는 비유.

飢餓(기아)	飯店(반점)	食堂(식당)	飲酒(음주)	倉庫(창고)
굶주림.	음식을 파는 가게. 예) 중화반점(中華飯店).	① 음식을 먹도록 설비된 방. ② 간단한 음식을 파는 집.	술을 마심.	곳집. 부고(府庫).
飢餓	飯店	食堂	飲酒	倉庫
주릴 기 / 주릴 아	밥 반 / 가게 점	먹을 식 / 집 당	마실 음 / 술 주	곳집 창 / 곳집 고

安貧樂道 안빈낙도	구차하고 가난한 중에서도 편안한 마음으로 도(道)를 즐김.

住宅(주택)	福券(복권)	層階(층계)	欄干(난간)	沐浴(목욕)
사람이 사는 집. 거택(居宅).	제비를 뽑아 배당을 받게 되는 채권. 복표(福票).	층층이 높이 올라가게 만들어 놓은 설비.	층계나 다리 등의 가장자리를 둘러 막는 물건.	머리를 감고 몸을 씻는 일. 예) 목욕탕(沐浴湯).

住宅	福券	層階	欄干	沐浴
살 주 / 집 택	복 복 / 문서 권	층 층 / 섬돌 계	난간 란 / 방패 간	머리감을 목 / 목욕할 욕

眼下無人 안하무인	교만해서 모든 사람을 업신여김. 안중무인(眼中無人).

閨房(규방)	旅館(여관)	宿泊(숙박)	睡眠(수면)	寢臺(침대)
안방. 유방(惟房). 예) 규방문학(閨房文學).	여객(旅客)을 묵게 하는 집. 여사(旅舍).	여관이나 어떤 곳에 머물러 묵음.	① 자는 일. ② 활동을 쉬는 일. 침수(寢睡). 예) 수면제(睡眠劑).	사람이 누워 자게 만든 상. 침상(寢牀).

閨	房	旅	館	宿	泊	睡	眠	寢	臺
안방 규	방 방	나그네 려	집 관	잘 숙	묵을 박	잠잘 수	잠잘 면	잠잘 침	대 대

愛之重之
애지중지

매우 사랑하고 귀중히 여김.

貝物(패물)	暖爐(난로)	陶器(도기)	眼鏡(안경)	帳簿(장부)
산호·호박·수정·대모(玳瑁) 따위로 만든 물건.	몸이나 방안을 덥게 하는 난방 기구의 하나.	오지 그릇. 예) 이조도기(李朝陶器).	눈을 보호하거나 시력을 돕기 위해 쓰는 기구. 예) 쌍안경(雙眼鏡).	금품(金品)의 수입·지출을 기록하는 책. 또는 그 일.

貝	物	暖	爐	陶	器	眼	鏡	帳	簿
조개 패	물건 물	따뜻할 난	화로 로	질그릇 도	그릇 기	눈 안	거울 경	치부책 장	장부 부

梁上君子 양상군자	도둑.

參席(참석)	移轉(이전)	注油(주유)	火災(화재)	頭腦(두뇌)
자리에 참여함.	① 옮겨 바꿈. ② 사물의 소재를 옮김.	기름을 넣음. 예) 주유소(注油所).	불이 나는 재앙. 화난(火難). 화변(火變).	① 사물을 슬기롭게 판단하는 힘. ② 머릿골.

參	席	移	轉	注	油	火	災	頭	腦
참여할 참	자리 석	옮길 이	옮길 전	물댈 주	기름 유	불 화	재앙 재	머리 두	뇌 뇌
參	席	移	轉	注	油	火	災	頭	腦
參	席	移	轉	注	油	火	災	頭	腦
參	席	移	轉	注	油	火	災	頭	腦

魚頭肉尾 어두육미	물고기는 대가리 쪽이 맛이 있고, 짐승의 고기는 꼬리 쪽이 맛이 있다는 말. 어두봉미(魚頭鳳尾).

身體(신체)	肝臟(간장)	皮膚(피부)	胃腸(위장)	眉間(미간)
사람의 몸. 예) 신체형(身體刑).	내장의 하나. 복강 우측 상부에 있는 암적갈색의 분비선. 준) 간.	동물의 온 몸을 싸고 있는 겉껍질.	위와 창자. 예) 위장병(胃腸病).	두 눈썹 사이. 양미간(兩眉間)의 약어.
身 體	肝 臟	皮 膚	胃 腸	眉 間
몸 신 / 몸 체	간 간 / 오장 장	가죽 피 / 살갗 부	밥통 위 / 창자 장	눈썹 미 / 사이 간
身 體	肝 臟	皮 膚	胃 腸	眉 間
身 體	肝 臟	皮 膚	胃 腸	眉 間
身 體	肝 臟	皮 膚	胃 腸	眉 間

漁夫之利
어부지리

도요새와 무명조개가 다투는 틈을 타서 둘 다 잡은 어부처럼, ① 쌍방이 싸우는 틈을 이용하여 제삼자가 애쓰지 않고 이득을 가로챔을 이르는 말. ② 뜻하지 않는 사람이 이(利)를 얻는다는 말.

骨肉(골육)	顔面(안면)	耳目(이목)	口腔(구강)	鼻炎(비염)
뼈와 살. 예) 골육상잔(骨肉相殘).	① 얼굴. ② 서로 낯이나 익힐만한 친분. 예) 안면부지(顔面不知).	① 귀와 눈. ② 봄과 들음. ③ 남들의 주의.	입 속. 예) 구강위생(口腔衛生).	콧 속에서 나는 염증.

骨	肉	顔	面	耳	目	口	腔	鼻	炎
뼈 골	살 육	얼굴 안	얼굴 면	귀 이	눈 목	입 구	속빌 강	코 비	염증 염

言中有骨
언중유골

예사로운 말 속에 단단한 속뜻이 들어 있다는 말.

手足(수족)	毛髮(모발)	姿勢(자세)	淸掃(청소)	生涯(생애)
① 손과 발. ② 수족과 같이 요긴하게 부리는 사람.	사람의 머리털과 몸에 난 털의 총칭.	몸을 가지는 모양이나 태도.	깨끗이 소제(掃除)함.	살아있는 동안. 세상에 살아가는 동안. 생활(生活). 생계(生計).

手	足	毛	髮	姿	勢	淸	掃	生	涯
손 수	발 족	털 모	터럭 발	맵시 자	기세 세	깨끗할 청	쓸 소	살 생	끝 애

易地思之 (역지사지): 처지를 바꾸어서 생각함.

哀惜(애석)	憂慮(우려)	愁心(수심)	傲慢(오만)	怪漢(괴한)
슬프고 아까움.	근심하거나 걱정함.	근심하는 마음. 또는 근심하는 일. 수의(愁意).	태도가 거만함. 또는 그 태도.	차림새나 행동이 괴상한 사나이.

哀	惜	憂	慮	愁	心	傲	慢	怪	漢
슬플 애	아낄 석	근심 우	염려할 려	근심할 수	마음 심	거만할 오	거만할 만	괴이할 괴	사나이 한
哀	惜	憂	慮	愁	心	傲	慢	怪	漢
哀	惜	憂	慮	愁	心	傲	慢	怪	漢
哀	惜	憂	慮	愁	心	傲	慢	怪	漢

緣木求魚 연목구어	도저히 불가능한 일을 굳이 하려 함을 비유하는 말.

怨恨(원한)	念願(염원)	伸縮(신축)	志望(지망)	恥事(치사)
원통하고 한되는 생각.	생각하고 바람. 예) 민족염원(民族念願).	늘어남과 줄어듦. 늘이고 줄임. 서축(舒縮).	뜻하여 바람. 예) 지망교(志望校).	남부끄러운 일.

怨	恨	念	願	伸	縮	志	望	恥	事
원망할 원	한할 한	생각 념	바랄 원	펼 신	오그라들 축	뜻 지	바랄 망	부끄러울 치	일 사

五里霧中 오리무중: 짙은 안개 속에서 길을 찾기 어려운 것 같이 무슨 일에 대하여 알 길이 없음을 일컫는 말.

辱說(욕설)	歎聲(탄성)	思索(사색)	想像(상상)	辭讓(사양)
① 남을 저주하는 말. ② 남을 미워하는 말.	① 탄식하는 소리. ② 감탄하는 소리.	사물의 이치를 좇아 파고 들어 생각함. 깊은 생각.	미루어 생각함.	받을 것을 겸사하여 안 받거나 자리를 남에게 내어 줌.

辱	說	歎	聲	思	索	想	像	辭	讓
욕될 욕	말씀 설	탄식할 탄	소리 성	생각할 사	찾을 색	생각할 상	형상 상	사양할 사	사양할 양
辱	說	歎	聲	思	索	想	像	辭	讓
辱	說	歎	聲	思	索	想	像	辭	讓
辱	說	歎	聲	思	索	想	像	辭	讓

烏飛梨落
오비리락

우연한 일치로 남의 혐의를 받게 됨을 비유하는 말. '까마귀 날자 배 떨어지다.'

親睦(친목)	戀慕(연모)	相逢(상봉)	仁勇(인용)	威嚴(위엄)
서로 친하여 뜻이 맞고 정다움.	사랑하여 그리워함.	서로 만남.	어질고 용기가 있음.	① 의젓하고 엄숙함. ② 위광(威光)이 있어 엄숙함.

親	睦	戀	慕	相	逢	仁	勇	威	嚴
친할 친	화목할 목	사모할 련	사모할 모	서로 상	만날 봉	어질 인	날랠 용	위엄 위	엄할 엄

五十步百步 오십보백보	피차의 차이는 있으나 본질적으로는 같다는 뜻. 오십보소백보(五十步笑百步). 준) 오십소백(五十笑百).

容恕(용서)	寬大(관대)	裕福(유복)	覺悟(각오)	憐憫(연민)
① 놓아 줌. ② 죄를 면해 줌. ③ 꾸짖지 않음. 용대(容貸).	마음이 너그럽고 큼. 관홍(寬弘).	살림이 넉넉함.	① 도리를 깨달음. ② 미리 깨달아 마음을 작정함.	불쌍하고 가련함.

容	恕	寬	大	裕	福	覺	悟	憐	憫
용납할 용	용서할 서	너그러울 관	클 대	넉넉할 유	복 복	깨달을 각	깨달을 오	불쌍히여길 련	불쌍히여길 민
容	恕	寬	大	裕	福	覺	悟	憐	憫
容	恕	寬	大	裕	福	覺	悟	憐	憫
容	恕	寬	大	裕	福	覺	悟	憐	憫

吳越同舟 오월동주	서로 적의(敵意)를 품은 자들이 같은 처지나 한 자리에 놓임을 가리키는 말.

교양한자 익히며 쓰기

可憎(가증)	憤慨(분개)	喜悅(희열)	懷抱(회포)	後悔(후회)
얄미움. 예) 가증(可憎)스러운.	매우 분하게 여김. 분탄(憤嘆).	기뻐하고 즐거워함. 희락(喜樂).	마음 속에 품은 생각. 잊혀지지 않는 생각. 감회(感懷).	이전의 잘못을 깨닫고 뉘우침.

可	憎	憤	慨	喜	悅	懷	抱	後	悔
허락할 가	미워할 증	분할 분	개탄할 개	기쁠 희	기쁠 열	품을 회	안을 포	뒤 후	뉘우칠 회
可	憎	憤	慨	喜	悅	懷	抱	後	悔
可	憎	憤	慨	喜	悅	懷	抱	後	悔
可	憎	憤	慨	喜	悅	懷	抱	後	悔

溫故知新 온고지신	옛 것을 익히고 그것으로 미루어서 새 것을 앎.

誇張(과장)	嘲笑(조소)	慾望(욕망)	慶弔(경조)	吉凶(길흉)
실제보다 더하게 떠벌림.	조롱하는 태도로 웃는 웃음.	① 하고자 하는 마음. ② 부족을 채우고자 하는 마음.	① 기쁜 일과 궂은 일. ② 경사를 축하하고 흉사를 조문함.	좋은 일과 나쁜 일. 경조(慶弔). 예) 길흉사(吉凶事).

誇	張	嘲	笑	慾	望	慶	弔	吉	凶
자랑할 과	베풀 장	조롱할 조	웃을 소	하고자할 욕	바랄 망	경사 경	조상할 조	길할 길	흉할 흉
誇	張	嘲	笑	慾	望	慶	弔	吉	凶
誇	張	嘲	笑	慾	望	慶	弔	吉	凶
誇	張	嘲	笑	慾	望	慶	弔	吉	凶

外柔內剛 외유내강	겉은 부드럽고 순한 듯 보이나 속은 꿋꿋하고 곧음.

婚談(혼담)	壽宴(수연)	享祀(향사)	碑銘(비명)	墳墓(분묘)
혼인을 정하기 위하여 오고 가는 말.	장수(長壽)함을 축하하는 잔치. 보통 환갑을 일컬음.	신령에게 정성을 드려 하는 의식. 제사(祭祀). 제향(祭享).	비면(碑面)에 새긴 글.	무덤.

婚	談	壽	宴	享	祀	碑	銘	墳	墓
혼인할 혼	말씀 담	목숨 수	잔치 연	드릴 향	제사 사	비석 비	새길 명	무덤 분	무덤 묘
婚	談	壽	宴	享	祀	碑	銘	墳	墓
婚	談	壽	宴	享	祀	碑	銘	墳	墓
婚	談	壽	宴	享	祀	碑	銘	墳	墓

樂山樂水 요산요수	산수(山水)를 즐김. 자연을 즐김.

葬地(장지)	忌祭(기제)	先人(선인)	痛哭(통곡)	死亡(사망)
장사할 땅. 매장한 땅. 매장지(埋藏地). 묘지(墓地).	해마다 죽은 날에 지내는 제사. 기제사(忌祭祀)의 약어.	① 돌아가신 아버지. 선친(先親). ② 앞 세대 사람.	소리를 높여 슬피 욺. 통곡(慟哭).	①사람의 죽음. ②죽는 일.

葬	地	忌	祭	先	人	痛	哭	死	亡
장사지낼 장	땅 지	기일 기	제사지낼 제	먼저 선	사람 인	원통할 원	울 곡	죽을 사	망할 망

牛耳讀經
우이독경

'쇠귀에 경 읽기'와 같음. 아무리 가르치고 일러주어도 알아듣지 못하여 효과가 없음을 이르는 말.

朋友(붕우)	佳景(가경)	諸位(제위)	姓氏(성씨)	雙方(쌍방)
벗. 친구 예) 붕우유신(朋友有信).	아름다운 경치. 예) 점입가경(漸入佳境).	여러분. 예) 독자제위(諸位)의 성원.	성을 높여 일컫는 말.	이쪽과 저쪽. 양방(兩方). 예) 쌍방합의(雙方合議).

朋	友	佳	景	諸	位	姓	氏	雙	方
벗 붕	벗 우	아름다울 가	경치 경	여러 제	자리 위	성 성	성 씨	짝(둘) 쌍	모(방향) 방
朋	友	佳	景	諸	位	姓	氏	雙	方
朋	友	佳	景	諸	位	姓	氏	雙	方
朋	友	佳	景	諸	位	姓	氏	雙	方

有口無言 유구무언	입은 있으나 말이 없다는 뜻으로, 변명할 말이 없거나 변명을 못함을 이름.

班常(반상)	傍系(방계)	同胞(동포)	俊秀(준수)	責善(책선)
양반과 상사람.	직계에서 갈려나간 계통.	① 형제. ② 한 국민. 한 겨레.	재주·슬기·풍채가 빼어남. 청수(淸秀).	친구 사이에 서로 착한 일을 하도록 권함.

班	常	傍	系	同	胞	俊	秀	責	善
양반 **반**	상놈 **상**	곁 **방**	계통 **계**	한가지 **동**	태보 **포**	뛰어날 **준**	빼어날 **수**	꾸짖을 **책**	선할 **선**

有備無患 / 유비무환: 준비가 있으면 걱정이 없음.

沙汰(사태)	工具(공구)	蠻行(만행)	巡警(순경)	惡談(악담)
비에 산비탈이나 언덕 따위가 무너지는 일. 예) 산사태(山沙汰).	기계 따위를 만드는 데에 쓰이는 기구.	야만스러운 말과 짓.	① 경찰관의 최하 계급. ② 돌아다니며 경계함.	남을 못되도록 저주하는 나쁜 말.

沙	汰	工	具	蠻	行	巡	警	惡	談
모래 사	밀릴 태	장인 공	연장 구	오랑캐 만	행할 행	순행할 순	경계할 경	악할 악	말씀 담
沙	汰	工	具	蠻	行	巡	警	惡	談
沙	汰	工	具	蠻	行	巡	警	惡	談
沙	汰	工	具	蠻	行	巡	警	惡	談

陰德陽報 음덕양보	남 모르게 쌓은 덕은 후일 버젓하게 복을 받게 마련임.

鈍才(둔재)	醉客(취객)	盜賊(도적)	某種(모종)	娘子(낭자)
재주가 둔함. 또 그 사람. 둔지(鈍智).	술에 취한 사람. 취인(醉人). 취한(醉漢).	도둑.	어떠한 종류. 아무 종류. 예) 모종(某種)의 사건(事件).	처녀.

鈍	才	醉	客	盜	賊	某	種	娘	子
둔할 둔	재주 재	술취할 취	손 객	도둑 도	도적 적	아무 모	종류 종	아가씨 랑	사람 자
鈍	才	醉	客	盜	賊	某	種	娘	子
鈍	才	醉	客	盜	賊	某	種	娘	子
鈍	才	醉	客	盜	賊	某	種	娘	子

以德服人
이덕 복인

덕으로써 남을 복종시킴.

교양한자 익히며 쓰기

豪傑(호걸)	乃後(내후)	翁姑(옹고)	謀陷(모함)	叛逆(반역)
지용(智勇)이 뛰어나고 기개와 풍모가 있는 사람.	이 뒤로. 예) 내후(乃後)에는 잘못이 없어야 한다.	시아버지와 시어머니.	꾀를 써서 남을 어려움에 빠뜨림.	배반하고 모역(謀逆)함.

豪	傑	乃	後	翁	姑	謀	陷	叛	逆
호걸 호	뛰어날 걸	이내 내	뒤 후	늙은이 옹	시어머니 고	꾀할 모	빠질 함	배반할 반	거스를 역

以卵投石 이란투석	알로 돌을 친다는 말로, 당할 수 없거나, 번번히 실패함을 가리키는 말.

徒食(도식)	奴婢(노비)	五等(오등)	根源(근원)	急性(급성)
① 놀고 먹음. ② 육식(肉食)을 아니 하마. 예) 무위도식(無爲徒食)	남자종과 여자종의 총칭.	우리들.	① 물이 흘러리는 샘 줄기의 근본. ② 사물이 생겨나는 본바탕.	① 갑자기 일어나는 성질의 병. ② 성미가 급함.

徒	食	奴	婢	五	等	根	源	急	性
헛될 도	먹을 식	사내종 노	계집종 비	나 오	무리 등	뿌리 근	근원 원	급할 급	성품 성
徒	食	奴	婢	五	等	根	源	急	性
徒	食	奴	婢	五	等	根	源	急	性
徒	食	奴	婢	五	等	根	源	急	性

以心傳心 이심전심 — 말이나 글에 의하지 아니하고 마음에서 마음으로 전달함. 심심상인(心心相印).

呼出(호출)	奈何(내하)	顧問(고문)	偏頗(편파)	多寡(다과)
불러냄. 소환.	어떠함.	① 의견을 물음. ② 물음을 받는 사람.	공평하지 못하고 한 쪽으로 치우침. 예) 편파적(偏頗的).	수효의 많음과 적음.

呼	出	奈	何	顧	問	偏	頗	多	寡
부를 호	날 출	어찌 내	어찌 하	돌아볼 고	물을 문	치우칠 편	치우칠 파	많을 다	적을 과
呼	出	奈	何	顧	問	偏	頗	多	寡
呼	出	奈	何	顧	問	偏	頗	多	寡
呼	出	奈	何	顧	問	偏	頗	多	寡

人死留名 인사유명	사람은 죽어도 이름은 남겨진다는 말로, 그 삶이 헛되지 않으면 방명(芳名)은 길이 남는다는 말. 비) 호사유피(虎死留皮).

使役(사역)	禮儀(예의)	祝賀(축하)	諒解(양해)	歡迎(환영)
부리어 일을 시킴. 어떤 작업을 시킴을 당하여서 하는 일.	사람이 행하여야 할 올바른 예(禮)와 도(道).	경사를 빌고 치하함. 예) 축하연(祝賀宴).	사정을 잘 알아 줌. 이해(理解).	기쁜 마음으로 맞음.

使	役	禮	儀	祝	賀	諒	解	歡	迎
부릴 사	부릴 역	예절 례	거동 의	축하할 축	축하할 하	살필 량	풀 해	기뻐할 환	맞을 영
使	役	禮	儀	祝	賀	諒	解	歡	迎
使	役	禮	儀	祝	賀	諒	解	歡	迎
使	役	禮	儀	祝	賀	諒	解	歡	迎

仁者無敵 인자무적	어진 사람은 모두 사람이 그를 따르므로 적이 없음.

恭待(공대)	招聘(초빙)	一二(일이)	三四(삼사)	五六(오육)
① 공손히 대접함. ② 경어를 씀.	예로써 사람을 맞음. 빙초(聘招).	수) 한둘. 하나 둘. 관) 한두.	서넛. 서너. 예) 삼사월(三四月).	다섯이나 여섯. 대여섯.

恭	待	招	聘	一	二	三	四	五	六
공경할 공	대할 대	부를 초	부를 빙	하나 일	둘 이	셋 삼	넷 사	다섯 오	여섯 륙

日新又日新
일신우일신

날마다 새로워지고 또 날마다 새로워 짐.

七八(칠팔)	九十(구십)	貳拾(이십)	參百(삼백)	千卷(천권)
일곱이나 여덟.	아흔의 한자말.	스물의 한자말.	300의 한자말.	일천 권의 책.

七八	九十	貳拾	參百	千卷
일곱 칠 / 여덟 팔	아홉 구 / 열 십	두 이 / 열 십	석 삼 / 일백 백	일천 천 / 책권 권

一魚濁水
일어탁수

한 사람의 잘못으로 여러 사람이 그 해를 입게 됨.

교양한자 익히며 쓰기

壹億(일억)	數倍(수배)	隨筆(수필)	戲曲(희곡)	飜譯(번역)
일억.	몇 배.	일정한 주의가 없이 생각나는 대로 쓴 글.	연극의 극본(劇本). 각본.	어떤 국어로 된 글을 다른 나라 말로 바꾸어 옮김.

壹	億	數	倍	隨	筆	戲	曲	飜	譯
한 **일**	억 **억**	셈할 **수**	갑절 **배**	따를 **수**	붓 **필**	연극 **희**	굽을 **곡**	번역할 **번**	통역할 **역**
壹	億	數	倍	隨	筆	戲	曲	飜	譯
壹	億	數	倍	隨	筆	戲	曲	飜	譯
壹	億	數	倍	隨	筆	戲	曲	飜	譯

一觸卽發 일촉즉발	조금만 닿아도 곧 폭발할 것 같은 모양. 곧 조금만 닿아도 곧 폭발한다는 뜻으로, 막 일어날듯하여 몹시 위험한 상태에 놓여 있음을 일컫는 말.

敍事(서사)	名詞(명사)	文章(문장)	批評(비평)	著書(저서)
사실을 있는 그대로 적는 일.	사물의 이름을 나타내는 품사. 이름씨. 임자씨.	주어와 설명어를 갖추어 뭉뚱그려진 한 사상을 나타낸 말.	사물의 선악·시비·미추(美醜)를 평가하여 논하는 일.	지은 책. 또는 책을 지음.

敍事		名詞		文章		批評		著書	
펼 서	일 사	이름 명	말 사	글월 문	글 장	비평할 비	평론할 평	지을 저	책 서
敍	事	名	詞	文	章	批	評	著	書
敍	事	名	詞	文	章	批	評	著	書
敍	事	名	詞	文	章	批	評	著	書

立身揚名 / 입신양명 — 출세하여 자기의 이름이 세상에 드날리게 됨.

교양한자 익히며 쓰기

族譜(족보)	古典(고전)	玉篇(옥편)	雜誌(잡지)	精讀(정독)
한 족 속의 세계(世系)를 적은 책.	① 옛날의 법식. ② 뒷날에 남을만한 옛날 서적.	한자를 자획에 따라 배열하고 음과 새김을 적어 엮은 책.	호를 좇아 정기로 발행하는 출판물.	자세히 살피어 정밀히 읽음.

族	譜	古	典	玉	篇	雜	誌	精	讀
겨레 족	계보 보	옛 고	책 전	구슬 옥	책 편	섞일 잡	기록할 지	자세할 정	읽을 독

入耳不煩 입이불번	귀로 듣기에 싫지 않다는 뜻으로 아첨하는 말을 이름.

旋律(선율)	齊唱(제창)	彈琴(탄금)	管絃(관현)	民謠(민요)
악음이 여러 가지 높이와 율동으로써 연속적으로 흐름.	일제히 여러 사람이 소리를 질러 부름.	거문고·가야금 따위를 탐.	관악기와 현악기. 사죽(絲竹).	한 겨레의 생활 감정 등을 전하여 오는 순박한 노래.

旋律 齊唱 彈琴 管絃 民謠

돌 선	음률 률	가지런할 제	노래부를 창	탈 탄	거문고 금	대롱 관	악기줄 현	백성 민	노래 요
旋	律	齊	唱	彈	琴	管	絃	民	謠
旋	律	齊	唱	彈	琴	管	絃	民	謠
旋	律	齊	唱	彈	琴	管	絃	民	謠

立錐之地 입추지지	송곳 하나 세울 만한 땅이란 뜻으로 매우 좁은 곳을 말함.

詠歌(영가)	美術(미술)	演劇(연극)	揮毫(휘호)	拙作(졸작)
곡조에 맞추어 노래를 부름. 창가(唱歌).	미를 표현하여 시각(視覺)으로 감상하는 그림·조각·건축 따위.	배우의 연기를 통하여 희곡을 무대 위에 연출하는 종합예술.	예술의 목적으로 그림을 그리거나 글자를 씀. 휘필(揮筆).	① 보잘 것 없는 작품. ② 자기의 작품. 졸저(拙著).

詠	歌	美	術	演	劇	揮	毫	拙	作
읊을 영	노래 가	아름다울 미	재주 술	행할 연	연극 극	휘두를 휘	붓 호	졸할 졸	지을 작

入火拾栗 입화습율	불 속에서 밤을 줍는다는 뜻으로 작은 이익을 위하여 큰 모험을 함.

畫廊(화랑)	硯墨(연묵)	情緖(정서)	遺蹟(유적)	文化(문화)
회화(繪畫)를 전람해 놓는 방.	벼루와 먹.	사룀에 부딪쳐 일어나는 온갖 감정.	패총·고분·옛 건축물 등 고고학적 유물이 남아 있는 곳.	인지가 깨고 세상이 열리어 밝게 됨.

畫	廊	硯	墨	情	緖	遺	蹟	文	化
그림 화	행랑 랑	벼루 연	먹 묵	뜻 정	실마리 서	남길 유	자취 적	글월 문	교화할 화
畫	廊	硯	墨	情	緖	遺	蹟	文	化
畫	廊	硯	墨	情	緖	遺	蹟	文	化
畫	廊	硯	墨	情	緖	遺	蹟	文	化

自家撞着 자가당착	자기의 한 말이나 글의 앞뒤가 서로 어긋남.

교양한자 익히며 쓰기

昭詳(소상)	備置(비치)	無妨(무방)	伯父(백부)	仲媒(중매)
분명하고 자세함. 예) 그 사건의 소상(昭詳)한 해설.	갖추어 마련해 둠. 반) 철거(撤去). 예) 비치장부(備置帳簿).	해로운 것이 없음. 괜찮음. 방해될 것이 없음.	큰아버지. 세부(世父).	남자 쪽과 여자 쪽의 사이에서 혼인이 되게 하는 일.

昭	詳	備	置	無	妨	伯	父	仲	媒
밝을 소	자세할 상	갖출 비	둘 치	없을 무	방해할 방	맏 백	아비 부	가운데 중	중매 매

自强不息
자강불식 — 스스로 힘써 쉬지 않음.

吐露(토로)	苟且(구차)	基礎(기초)	普遍(보편)	最低(최저)
속마음을 다 드러내어서 말함. 토파(吐破). 토정(吐情).	군색하고 딱함. 예) 구차(苟且)한 생활.	① 사물의 밑바닥. ② 건조물의 무게를 받치기 위해 만든 바닥.	모든 것에 두루 미침. 예) 보편성(普遍性).	가장 낮음. 예) 최저수준(最低水準).

吐	露	苟	且	基	礎	普	遍	最	低
토할 토	드러날 로	구차할 구	구차할 차	터 기	주춧돌 초	두루 보	두루 편	가장 최	밑 저
吐	露	苟	且	基	礎	普	遍	最	低
吐	露	苟	且	基	礎	普	遍	最	低
吐	露	苟	且	基	礎	普	遍	最	低

刺客奸人 자객간인	마음씨가 몹시 독하고 모진 사람.

簡單(간단)	其他(기타)	核心(핵심)	慙愧(참괴)	追徵(추징)
간략하고 단출함.	그밖에 또 다른 것. 예) 기타일체(其他一切).	사물의 중심이 되는 요긴한 부분.	부끄럽게 여김. 참작(慙作). 예) 참괴(慙愧)의 눈물.	추가하여 거두어 들임. 추가하여 징수함. 예) 세금의 추징.

簡	單	其	他	核	心	慙	愧	追	徵
간략할 간	홑 단	그 기	다를 타	알맹이 핵	가운데 심	부끄러워할 참	부끄러워할 괴	좇을 추	부를 징
簡	單	其	他	核	心	慙	愧	追	徵
簡	單	其	他	核	心	慙	愧	追	徵
簡	單	其	他	核	心	慙	愧	追	徵

自激之心 자격지심	자기가 한 일에 대하여 자기 스스로 미흡하게 여김.

兩側(양측)	比較(비교)	私見(사견)	公的(공적)	閑暇(한가)
두 편. 양방(兩方). 예) 양측(兩側)의 대표자.	서로 견주어 봄. 예) 비교문학(比較文學).	저 혼자만의 생각. 예) 그것은 저의 사견(私見)입니다.	① 공공(公共)에 관한 것. ② 공변된 것. 반) 사적(私的).	편안한 겨를. 예) 한가(閑暇)한 생활.

兩	側	比	較	私	見	公	的	閑	暇
두 량	기울일 측	견줄 비	비교할 교	사사 사	볼 견	여러 공	적실할 적	한가할 한	겨를 가
兩	側	比	較	私	見	公	的	閑	暇
兩	側	比	較	私	見	公	的	閑	暇
兩	側	比	較	私	見	公	的	閑	暇

自古以來 자고이래	옛부터 지금까지.

교양한자 익히며 쓰기

薦擧(천거)	選拔(선발)	去就(거취)	殘留(잔류)	綿密(면밀)
인재를 어떤 자리에 쓰도록 추천함.	많은 속에서 골라서 추려 냄. 예) 선수선발(選手選拔).	① 가거나 옴. ② 일신상의 진퇴. 예) 그거의 거취(去就)가 문제이다.	남아서 처져있음. 예) 잔류병(殘留兵).	생각이 소홀하지 않고 일에 찬찬함. 예) 주도면밀(周到綿密).

薦	擧	選	拔	去	就	殘	留	綿	密
천거할 천	들 거	가릴 선	뽑을 발	갈 거	나아갈 취	남을 잔	머무를 류	자세할 면	빽빽할 밀

自曲之心
자곡지심

허물 있는 사람이 스스로 고깝게 여기는 마음.

浸透(침투)	遲延(지연)	感謝(감사)	拍掌(박장)	催促(최촉)
젖어 들어감. 스미어 들어감. 예) 침투 공작(浸透工作).	더디게 끌어감. 늦어짐. 예) 지연 작전(遲延作戰).	① 고마움. ② 고맙게 여기고 사례함.	손바닥을 침. 예) 박장대소(拍掌大笑).	재촉. 독촉. 예) 최촉장(催促狀).

浸	透	遲	延	感	謝	拍	掌	催	促
적실 **침**	통할 **투**	더딜 **지**	끌 **연**	느낌 **감**	사례할 **사**	손뼉칠 **박**	손바닥 **장**	재촉할 **최**	재촉할 **촉**
浸	透	遲	延	感	謝	拍	掌	催	促
浸	透	遲	延	感	謝	拍	掌	催	促
浸	透	遲	延	感	謝	拍	掌	催	促

自愧之心 자괴지심	스스로 부끄러워하는 마음.

교양한자 익히며 쓰기

放恣(방자)	意思(의사)	疎忽(소홀)	沈默(침묵)	漁船(어선)
삼가지 않고 제멋대로 놂. 예) 방자(放恣)한 태도(態度).	① 생각. ② 마음. ③ 뜻. 예) 의사결정(意思決定).	탐탁하지 않고 범연함. 대수롭지 않고 예사임. 소략(疏略).	아무 말이 없이 잠잠함.	고기잡이 배.

放	恣	意	思	疎	忽	沈	默	漁	船
방자할 방	방자할 자	뜻 의	생각 사	성길 소	소홀히할 홀	잠길 침	말없을 묵	고지잡을 어	배 선
放	恣	意	思	疎	忽	沈	默	漁	船
放	恣	意	思	疎	忽	沈	默	漁	船
放	恣	意	思	疎	忽	沈	默	漁	船

自給自足 자급자족	자기의 수요를 자기가 생산하여 충당함.

漂流(표류)	微妙(미묘)	速記(속기)	巷說(항설)	宣布(선포)
① 물 위에 둥둥 떠서 흘러감. ② 거처 없이 돌아 다님.	① 이상 야릇하여 알 수 없음. ② 섬세하고 묘함.	① 빨리 적음. ② 속기법으로 적음. 예) 속기사(速記士).	세상의 풍설. 항남(巷談). 예) 가담항설(街談巷說).	널리 세상에 알림. 예) 법률(法律)의 선포(宣布).

漂	流	微	妙	速	記	巷	說	宣	布
뜰 표	흐를 류	작을 미	묘할 묘	빠를 속	기록할 기	거리 항	말씀 설	널리펼 선	베풀 포
漂	流	微	妙	速	記	巷	說	宣	布
漂	流	微	妙	速	記	巷	說	宣	布
漂	流	微	妙	速	記	巷	說	宣	布

自問自答 자문자답	저 혼자서 묻고 제가 대답함.

교양한자 익히며 쓰기

壯途(장도)	累卵(누란)	廉價(염가)	探索(탐색)	迷信(미신)
중대한 사명을 띠고 떠나는 길.	쌓아 놓은 새알처럼 대단히 위태로운 형편.	싼 값. 예) 염가판매(廉價版賣).	실상을 더듬어서 찾음. 예) 탐색전(探索戰).	이치에 어긋난 것을 망녕되게 믿음. 예) 미신타파(迷信打破).

壯	途	累	卵	廉	價	探	索	迷	信
씩씩할 장	길 도	포갤 루	알 란	값쌀 렴	값 가	찾을 탐	찾을 색	미혹할 미	믿을 신
壯	途	累	卵	廉	價	探	索	迷	信
壯	途	累	卵	廉	價	探	索	迷	信
壯	途	累	卵	廉	價	探	索	迷	信

自相矛盾 자상모순	말이나 행동이 이치에 어긋난다는 말(矛盾).

誘惑(유혹)	銳敏(예민)	寡聞(과문)	香爐(향로)	乳臭(유취)
① 남을 꾀어서 정신을 어지럽게 함. ② 그릇된 길로 꾀임.	재지(才智)·느낌 따위가 날카롭고 민첩함. 반) 둔감(鈍感).	듣고 본 바가 적음. 반) 다문(多聞).	향을 피우는 자그마한 화로.	① 젖의 냄새. ② 어림. 미숙함.

誘	惑	銳	敏	寡	聞	香	爐	乳	臭
꾈 유	미혹할 혹	날카로울 예	민첩할 민	적을 과	들을 문	향기 향	화로 로	젖 유	냄새 취
誘	惑	銳	敏	寡	聞	香	爐	乳	臭
誘	惑	銳	敏	寡	聞	香	爐	乳	臭
誘	惑	銳	敏	寡	聞	香	爐	乳	臭

自勝之癖 자승지벽	자기가 남보다 나은 줄로 여기는 버릇.

墮落(타락)	辨理(변리)	別世(별세)	琢磨(탁마)	繁昌(번창)
① 잡되게 놀아 못된 구렁에 빠짐. ② 죄를 범하는 생활에 빠짐.	일을 맡아서 처리함. 예) 변리사(辨理士).	이 세상을 떠남. 죽음. 예) 별세(別世)하신 할아버지.	① 옥이나 돌을 쪼고 갊. ② 학문과 덕행을 닦음. 절차탁마(切磋琢磨).	한창 잘 되어 성함. 예) 사업(事業)의 번창.

墮	落	辨	理	別	世	琢	磨	繁	昌
떨어질 타	떨어질 락	가릴 변	이치 리	헤어질 별	세상 세	쪼을 탁	갈 마	번성할 번	창성할 창

自手成家 자수성가	물려 받은 재산이 없이 자기 힘으로 재산을 모음.

錯誤(착오)	推進(추진)	蘇生(소생)	活用(활용)	獲得(획득)
① 착각에 의한 잘못. ② 우리의 인식과 사실이 일치되지 않음.	힘써 나아감. 힘써서 어떤 일이 되게 함. 예) 추진력(推進力).	다시 살아남. 회생(回生).	① 잘 이용함. ② 기회를 잘 살려서 변통하여 돌려 씀.	손에 넣음. 얻어 가짐.

錯	誤	推	進	蘇	生	活	用	獲	得
어긋날 착	틀릴 오	밀 추	나아갈 진	회생할 소	살 생	살 활	쓸 용	얻을 획	얻을 득
錯	誤	推	進	蘇	生	活	用	獲	得
錯	誤	推	進	蘇	生	活	用	獲	得
錯	誤	推	進	蘇	生	活	用	獲	得

自業自得 자업자득	제가 저지른 일의 과오를 자신이 받음.

교양한자 익히며 쓰기

逃避(도피)	狀態(상태)	稀薄(희박)	潤澤(윤택)	個性(개성)
도망하여 피함. 예) 도피사상(逃避思想).	현재의 모양이나 형편. 경상(景狀).	① 희망이나 가망이 적음. ② 농도·밀도가 엷거나 얇음.	① 윤기있는 광택. ② 물건이 풍부함.	① 다른 개체와 구별되는 그 개체의 특성. ② 낱낱의 특별한 성질.
逃避	狀態	稀薄	潤澤	個性
달아날 도 / 피할 피	형상 상 / 모양 태	드물 희 / 엷을 박	윤택할 윤 / 못 택	낱 개 / 성품 성
逃避	狀態	稀薄	潤澤	個性
逃避	狀態	稀薄	潤澤	個性
逃避	狀態	稀薄	潤澤	個性

自然淘汰 자연 도태	자연적으로 환경에 맞는 것은 적응하고 그렇지 못한 것은 없어짐.

謙遜(겸손)	配給(배급)	好轉(호전)	寄稿(기고)	授受(수수)
남을 높이고 자기를 낮춤.	① 별러서 줌. ② 영리를 목적으로 하지 않는 물자의 분배.	잘 안되던 일이 잘 되어 가기 시작함. 예) 경기호전(景氣好轉).	원고를 신문사나 잡지사에 냄. 기서(寄書). 투고(投稿).	주고받음. 예) 현금수수(現金授受).

謙	遜	配	給	好	轉	寄	稿	授	受
겸손할 겸	겸손할 손	나눌 배	줄 급	좋을 호	구를 전	맡길 고	원고 고	받을 수	줄 수
謙	遜	配	給	好	轉	寄	稿	授	受
謙	遜	配	給	好	轉	寄	稿	授	受
謙	遜	配	給	好	轉	寄	稿	授	受

自由自在 자유자재	제 마음대로 할 수 있음.

勝負(승부)	殺到(쇄도)	展示(전시)	史蹟(사적)	組版(조판)
이김과 짐. 승패(勝敗).	세차게 몰려 듦. 예) 관객이 쇄도(殺到) 했다.	여러 가지 물건을 모아 벌여 놓고 보임.	역사의 남은 자취. 역사의 유적.	활판을 엉구어서 짬. 제판(製版).

勝	負	殺	到	展	示	史	蹟	組	版
이길 승	질 부	심할 쇄	이를 도	펼 전	보일 시	역사 사	발자취 적	짤 조	판목 판

子子孫孫 자자손손	자손의 여러 대.

複寫(복사)	印刷(인쇄)	旬刊(순간)	副題(부제)	餘滴(여적)
① 한 번 베낀 것을 다시 베낌. ② 그림·사진 등을 복제(複製)함.	글이나 그림을 판에 박아내는 일.	신문·잡지 등을 열흘에 한 번씩 내는 것.	책이나 논문 따위의 주장되는 제목에 보조로 덧붙이는 제목.	쓸 것을 다 쓰고 남은 먹물. 여묵(餘墨). 여록(餘錄).

複	寫	印	刷	旬	刊	副	題	餘	滴
겹칠 복	베낄 사	찍을 인	박을 쇄	열흘 순	책펴낼 간	버금 부	제목 제	남을 여	물방울 적
複	寫	印	刷	旬	刊	副	題	餘	滴
複	寫	印	刷	旬	刊	副	題	餘	滴
複	寫	印	刷	旬	刊	副	題	餘	滴

自作之蘗 자작지얼	제가 저지른 일로 말미암아 생긴 재앙이라는 뜻.

語句(어구)	吟味(음미)	詩歌(시가)	韻致(운치)	會話(회화)
① 말과 구(句). ② 말.	① 시가를 읊어 그 맛을 봄. ② 사물의 의미를 새겨서 궁구함.	① 시와 노래. ② 시(詩).	고아(高雅)한 품격을 갖춘 멋. 풍치. 흥치.	서로 만나서 이야기함. 또 그 담화.

語	句	吟	味	詩	歌	韻	致	會	話
말씀 어	글귀 구	읊을 음	맛볼 미	시 시	노래 가	운치 치	이를 치	모을 회	말할 화

自中之亂 자중지란	자기네 패 속에서 일어나는 싸움질.

교양한자 익히며 쓰기

直徑(직경)	乘客(승객)	票決(표결)	甲子(갑자)	乙丑(을축)
원·구 등의 중심을 통과하여 원주나 구면 위의 두 끝을 가지는 선분.	배 또는 차 따위에 타는 사람. 탑객(搭客).	투표로써 결정함.	육십갑자(六十甲子)의 첫째.	육십갑자(六十甲子)의 둘째.

直	徑	乘	客	票	決	甲	子	乙	丑
곧을 직	지름 경	탈 승	손 객	표할 표	정할 결	첫째천간 갑	첫째지지 자	둘째천간 을	둘째지지 축
直	徑	乘	客	票	決	甲	子	乙	丑
直	徑	乘	客	票	決	甲	子	乙	丑
直	徑	乘	客	票	決	甲	子	乙	丑

自初至終 자초지종	처음부터 끝까지의 과정(동안).

丙寅(병인)	丁卯(정묘)	戊辰(무진)	己巳(기사)	庚午(경오)
육십갑자(六十甲子)의 세째.	육십갑자(六十甲子)의 네째.	육십갑자(六十甲子)의 다섯째.	육십갑자(六十甲子)의 여섯째.	육십갑자(六十甲子)의 일곱째.

丙	寅	丁	卯	戊	辰	己	巳	庚	午
셋째천간	셋째지지	넷째천간	넷째지지	다섯째천간	다섯째지지	여섯째천간	여섯째지지	일곱째천간	일곱째지지
병	인	정	묘	무	진	기	사	경	오

自他共認 자타공인 — 잘잘못을 가리지 않고 모두가 인정함.

辛未(신미)	壬申(임신)	癸酉(계유)	戌亥(술해)	冊曆(책력)
육십갑자(六十甲子)의 여덟째.	육십갑자(六十甲子)의 아홉째.	육십갑자(六十甲子)의 열째.	열한째지지와 열두째 지지.	천체를 측정하여 해와 달의 돌아감과 절기를 적은 책.

辛	未	壬	申	癸	酉	戌	亥	冊	曆
여덟째천간 **신**	여덟째지지 **미**	아홉째천간 **임**	아홉째지지 **신**	열째천간 **계**	열째지지 **유**	열한째지지 **술**	열두째지지 **해**	책 **책**	책력 **책**

自暴自棄 자포자기	마음에 불만이 있어 몸가짐이나 행동을 마구함.

교양한자 익히며 쓰기

州郡(주군)	縣監(현감)	弓矢(궁시)	短刀(단도)	干戈(간과)
주(州)와 군(郡)의 뜻으로 지방을 일컬음.	외관직문관(外官職文官)의 종6품 관리. 곧 작은 현의 원.	활과 화살. 궁전(弓箭).	짧은 칼.	전쟁에 쓰이는 병기. 간척(干戚).

州	郡	縣	監	弓	矢	短	刀	干	戈
고을 주	고을 군	고을 현	살필 감	활 궁	화살 시	짧을 단	칼 도	방패 간	창 과
州	郡	縣	監	弓	矢	短	刀	干	戈
州	郡	縣	監	弓	矢	短	刀	干	戈
州	郡	縣	監	弓	矢	短	刀	干	戈

自畫自讚 자화자찬	스스로의 일을 추켜 칭찬하며 자랑함.

城郭(성곽)	亭子(정자)	閣僚(각료)	羅列(나열)	卒倒(졸도)
① 성의 둘레. ② 내성과 외성의 전부.	산수가 좋은 곳에 놀기 위하여 지은 작은 집.	내각의 장관 자리에 있는 관료.	① 죽 벌여 놓음. ② 죽 열을 지음.	뇌출혈이나 뇌빈혈 따위로 갑자기 정신을 잃고 쓰러짐.

城	郭	亭	子	閣	僚	羅	列	卒	倒
성 **성**	외성 **곽**	정자 **정**	아들 **자**	누각 **각**	관리 **료**	벌일 **라**	벌일 **렬**	마칠 **졸**	넘어질 **도**

作心三日
작심삼일 — 결심이 사흘을 가지 못함.

孔孟(공맹)	老莊(노장)	巨儒(거유)	侯爵(후작)	守衛(수위)
공자와 맹자. 예) 공맹사상(孔孟思想).	노자와 장자.	① 이름난 유학자. 대유(大儒). ② 학식이 많은 선비.	오등작(五等爵)의 둘째. 참고) 五等爵 : 公·侯·伯·子·男.	① 지킴. ② 관청·학교·공장 따위의 경비를 맡아보는 사람.

孔	孟	老	莊	巨	儒	侯	爵	守	衛
성 공	성 맹	늙을 로	장중할 장	클 거	선비 유	후작 후	벼슬 작	지킬 수	지킬 위
孔	孟	老	莊	巨	儒	侯	爵	守	衛
孔	孟	老	莊	巨	儒	侯	爵	守	衛
孔	孟	老	莊	巨	儒	侯	爵	守	衛

長久之計 장구지계	먼 장래를 생각하는 사업의 계획.

御命(어명)	循環(순환)	汚吏(오리)	皇帝(황제)	王妃(왕비)
임금의 명령. 어령(御令).	① 쉬지 않고 자꾸 돎. ② 돈을 내돌림.	청렴하지 못한 관리. 예) 탐관오리(貪官汚吏).	① 하느님의 아들. ② 천자(天子). 만승천자(萬乘天子).	임금의 아내. 왕후(王后).

御命	循環	汚吏	皇帝	王妃
임금에대한경칭 **어** / 명령 **명**	돌 **순** / 돌아올 **환**	더러울 **오** / 관리 **리**	임금 **황** / 임금 **제**	임금 **왕** / 왕비 **비**

長生不死 장생불사	오래 살아 죽지 아니함.

교양한자 익히며 쓰기

君臣(군신)	司會(사회)	公共(공공)	卿宰(경재)	補佐(보좌)
임금과 신하. 예) 군신유의(君臣有義).	집회에서 진행을 맡아 돕는 사람. 또는 그 일.	① 여러 사람이 한데 모여 힘을 함께 함. ② 사회일반.	재상(宰相). 왕을 돕는 이품 이상의 벼슬의 총칭.	자기보다 지위가 높은 사람을 도움.

君	臣	司	會	公	共	卿	宰	補	佐
임금 군	신하 신	맡을 사	모을 회	함께 공	여러 공	벼슬 경	재상 재	기울 보	도울 좌

掌中寶玉 장중보옥	손 안에 있는 보옥.

新郎(신랑)	宗廟(종묘)	及第(급제)	祿俸(녹봉)	米穀(미곡)
새로 결혼한 남자.	역대(歷代)의 제왕(帝王)의 위패(位牌)를 모시는 사당집.	① 과거에 합격함. ② 시험에 합격함.	벼슬아치에게 주는 봉급. 복록(福祿).	① 쌀. ② 쌀과 다른 곡식.

新	郎	宗	廟	及	第	祿	俸	米	穀
새 신	남편 랑	마루 종	사당 묘	미칠 급	과거 제	녹 록	급료 봉	쌀 미	곡식 곡

再起不能 (재기불능) — 다시 일어설 능력이 없음.

宮廷(궁정)	厥角(궐각)	尾行(미행)	侍從(시종)	立脚(입각)
궁궐.	머리를 숙이고 절을 함.	① 몰래 뒤를 좇아 다님. ② 경관이 혐의자의 뒤를 밟아 감시함.	임금을 모시고 있던 시종원(侍從院)의 한 벼슬.	① 근거를 두어 그 입장에 섬. ② 근거로 함.

宮廷	厥角	尾行	侍從	立脚
궁궐 궁 / 뜰 정	숙일 궐 / 뿔 각	꼬리 미 / 갈 행	모실 시 / 좇을 종	설 립 / 다리 각
宮廷	厥角	尾行	侍從	立脚
宮廷	厥角	尾行	侍從	立脚
宮廷	厥角	尾行	侍從	立脚

才子佳人 재자가인	재주 있는 젊은 남자와 아름다운 여자.

將次(장차)	此後(차후)	交際(교제)	云云(운운)	所謂(소위)
차차. 앞으로.	이 후로. 예) 차후(此後)로는 잘 해라.	① 서로 사귐. ② 어떤 목적을 달성하기 위한 수단으로서의 사교.	말을 생략할 때 이러이러함의 뜻으로 사용함.	이른 바.
將次	此後	交際	云云	所謂
장차 **장** / 다음 **차**	이 **차** / 뒤 **후**	사귈 **교** / 사귈 **제**	이를 **운** / 이를 **운**	바 **소** / 이를 **위**

賊反荷杖 적반하장	잘못한 사람이 도리어 잘한 사람을 나무람.

勿驚(물경)	果樹(과수)	孰若(숙약)	庶務(서무)	幾何(기하)
엄청난 것을 말할 때 놀라지 말라는 뜻으로 앞에 오는 말.	과일나무 예) 과수원(果樹園).	양 쪽을 비교해서 의문을 나타낼 때 쓰는 말. 어느 쪽이.	특별한 명목이 없는 사무. 여러 가지 잡된 사무.	① 얼마. ② (수학) 기하학.

勿	驚	果	樹	孰	若	庶	務	幾	何
말 물	놀랄 경	과실 과	나무 수	누구 숙	같을 약	여러 서	일 무	몇 기	어찌 하

適材適所 적재적소	적당한 인재를 적당한 자리에 씀.

茲以(자이)	而已(이이)	畢竟(필경)	但只(단지)	於焉(어언)
이에.	~뿐임. ~일 따름임. 또는 '而已矣'라고도 함.	마침내. 결국에는.	다만.	알지 못하는 동안에 어느덧. 예) 어언간(於焉間).

茲	以	而	己	畢	竟	但	只	於	焉
이 자	써 이	뿐 이	뿐 이	마칠 필	마침내 경	다만 단	다만 지	어조사 어	어조사 언
茲	以	而	己	畢	竟	但	只	於	焉
茲	以	而	己	畢	竟	但	只	於	焉
茲	以	而	己	畢	竟	但	只	於	焉

前代未聞 전대미문	이제까지 들은 적이 없음.

終焉(종언)	亦是(역시)	那邊(나변)	適格(적격)	宜當(의당)
① 최후. ② 그 곳에서 죽을 때까지 몸을 붙임. 예) 終焉地.	또한.	어느 근방. 어디.	어떤 격식이나 자격에 맞음.	마땅히. 으레. 예) 의당사(宜當事).

終	焉	亦	是	那	邊	適	格	宜	當
마칠 종	어조사 언	또 역	이 시	무엇 나	가 변	맞을 적	격식 격	마땅할 의	마땅할 당
終	焉	亦	是	那	邊	適	格	宜	當
終	焉	亦	是	那	邊	適	格	宜	當
終	焉	亦	是	那	邊	適	格	宜	當

前途洋洋 전도양양	앞길이 넓어 발전성이 큰 모양.

萬歲(만세)	全般(전반)	或是(혹시)	記者(기자)	依賴(의뢰)
① 만년(萬年). ② 영원히 삶. 길이 번영함.	일이 되어 가는 형편이나 모양.	① 만일에. 행여나. ② 어떠한 경우. 혹야(或也).	신문이나 잡지 등의 기사를 취재·집필하거나 편집하는 사람.	남에게 의지함. 또는 부탁함.
萬 歲	全 般	或 是	記 者	依 賴
일만 **만** / 해 **세**	모두 **전** / 일반 **반**	혹 **혹** / 이 **시**	기록할 **기** / 사람 **자**	의지할 **의** / 힘입을 **뢰**
萬 歲	全 般	或 是	記 者	依 賴
萬 歲	全 般	或 是	記 者	依 賴
萬 歲	全 般	或 是	記 者	依 賴

前無後無 전무후무	과거에도 없었고 앞으로도 없음.

狀況(상황)	旣成(기성)	往來(왕래)	尊卑(존비)	深淺(심천)
일이 되어 가는 형편이나 모양.	① 사물이 이미 이루어짐. ② 어떤 부문에서 이름이 남.	① 가고 옴. 통래. ② 편지 등을 주고 받거나 소식을 전함.	신분·지위의 높음과 낮음.	깊음과 얕음.

狀	況	旣	成	往	來	尊	卑	深	淺
형상 상	형편 황	기운 기	이룰 성	갈 왕	올 래	높을 존	낮을 비	깊을 심	얕을 천

戰戰兢兢 전전긍긍 매우 두려워하여 조심함.

貴賤(귀천)	長短(장단)	明暗(명암)	表裏(표리)	加減(가감)
① 부귀와 빈천. ② 귀한 사람과 천한 사람.	① 길고 짧음. ② 장점과 단점. ③ 길고 짧은 박자(拍子).	밝음과 어두움.	① 겉과 속. 안과 밖. ② 은사(恩賜)나 헌상하던 옷의 겉감과 안집.	① 보탬과 뺌. ② 더하거나 덜하여 알맞게 함.

貴	賤	長	短	明	暗	表	裏	加	減
귀할 귀	천할 천	길 장	짧을 단	밝을 명	어두울 명	겉 표	속 리	더할 가	덜 감

輾轉反側 전전반측 — 누워서 뒤척이며 잠을 이루지 못함.

彼此(피차)	我軍(아군)	匹夫(필부)	贊反(찬반)	眞僞(진위)
① 저것과 이것. ② 서로. 예) 피차간(彼此間).	우리 군사. 우리 편. 반) 적군(敵軍).	① 한 사람의 남자. ② 하찮은 남자. 반) 필부(匹婦).	찬성과 반대. 예) 찬반양론(贊反兩論).	참과 거짓. 진부(眞否). 진안(眞贋). 진가(眞假).

彼	此	我	軍	匹	夫	贊	反	眞	僞
저 피	이 차	우리 아	군사 군	하나 필	사내 부	찬성할 찬	반대할 반	참 진	거짓 위
彼	此	我	軍	匹	夫	贊	反	眞	僞
彼	此	我	軍	匹	夫	贊	反	眞	僞
彼	此	我	軍	匹	夫	贊	反	眞	僞

前車可鑑 전차가감	앞의 실수를 거울로 삼는다는 말.

昇降(승강)	巧妙(교묘)	平和(평화)	智慧(지혜)	聰明(총명)
오르고 내림. 예) 승강구(昇降口).	썩 잘 되고 묘함.	① 화합하고 고요함. ② 전쟁이 없이 세상이 잘 다스려짐.	① 슬기. ② 미혹(迷惑)을 절멸하고 보리(菩提)를 성취하는 힘.	영리하고 기억력이 좋음. 개랑(開朗).

昇	降	巧	妙	平	和	智	慧	聰	明
오를 **승**	내릴 **강**	교묘할 **교**	묘할 **묘**	화평할 **평**	화할 **화**	슬기 **지**	지혜 **혜**	총명할 **총**	밝을 **명**
昇	降	巧	妙	平	和	智	慧	聰	明
昇	降	巧	妙	平	和	智	慧	聰	明
昇	降	巧	妙	平	和	智	慧	聰	明

轉禍爲福 전화위복	화가 바뀌어서 도리어 복이 됨.

氣壓(기압)	該當(해당)	博識(박식)	螢雪(형설)	努力(노력)
대기(大氣)의 압력. 대기압.	① 무엇에 관계되는 바로 그것. ② 바로 들어맞음.	보고 들은 것이 넓어서 아는 것이 많음.	갖은 고생을 하며 수학한다는 말. 형설지공(螢雪之功).	① 힘들여 일함. ② 생산을 위해 힘쓰는 몸과 정신의 활동.

氣	壓	該	當	博	識	螢	雪	努	力
기운 기	누를 압	해당할 해	당할 당	넓을 박	알 식	개똥벌레 형	눈 설	힘쓸 노	힘 력
氣	壓	該	當	博	識	螢	雪	努	力
氣	壓	該	當	博	識	螢	雪	努	力
氣	壓	該	當	博	識	螢	雪	努	力

絶人之勇 절인지용	남보다 훨씬 뛰어난 용맹.

悠久(유구)	流暢(유창)	達辯(달변)	儉素(검소)	克服(극복)
연대가 길고 오램. 장구(長久). 예) 유구(悠久)한 역사(歷史).	말을 거침없이 잘 하거나, 글을 거침 없이 잘 읽음.	썩 능란한 변설. 예) 달변가(達辯家).	사치하지 않고 수수함.	① 적을 쳐 이기어 굴복시킴. ② 곤란을 이겨냄.

悠	久	流	暢	達	辯	儉	素	克	服
멀 유	오랠 구	흐를 류	통할 창	통달할 달	말잘할 변	검소할 검	질박할 소	이길 극	복종할 복

切磋琢磨 절차탁마: 옥돌 따위를 갈고 깎는 것과 같이 학문과 덕행을 닦음.

忍耐(인내)	擴充(확충)	確認(확인)	止揚(지양)	維持(유지)
참고 견딤. 예) 인내심(忍耐心).	늘리고 넓히어 충실하게 함.	확실하게 인정함. 또는 그러한 인정.	지금 것을 버리고 더 높은 단계로 발전시킴.	① 지니어 감. ② 지탱하여 감.

忍	耐	擴	充	確	認	止	揚	維	持
참을 인	견딜 내	늘릴 확	찰 충	확실할 확	알 인	그칠 지	높일 양	지탱할 유	가질 지

切齒腐心 / 절치부심: 몹시 분하여 이를 갈고 속을 썩임.

獎勵(장려)	鼓吹(고취)	援助(원조)	救濟(구제)	暫時(잠시)
권하여 힘쓰게 함. 장권(獎勸).	① 북을 치고 피리를 붊. ② 사기를 북돋움.	도와 줌. 예) 유족원조(遺族援助).	어려운 지경에 빠진 사람을 구하여 건져 줌.	오래 걸리지 않는 동안. 잠깐 동안. 수유(須臾).

獎	勵	鼓	吹	援	助	救	濟	暫	時
권면할 장	힘쓸 려	북칠 고	불 취	도울 원	도울 조	구원할 구	구제할 제	잠깐 잠	때 시

絶海孤島 절해고도	육지에서 아주 멀리 떨어져 있는 외딴 섬.

採擇(채택)	實踐(실천)	懇切(간절)	弘益(홍익)	隱蔽(은폐)
골라서 가려냄. 가려서 택함.	실제로 행함. 예) 실천사항(實踐事項).	지성스럽고 절실함.	① 큰 이익. ② 널리 이롭게 함. 예) 홍익인간(弘益人間).	가리어 숨김. 덮어 감춤. 예) 사실은폐(事實隱蔽).

採	擇	實	踐	懇	切	弘	益	隱	蔽
가릴 채	뽑을 택	실제 실	행할 천	간절할 간	정성스러울 절	넓을 홍	이익 익	숨을 은	가릴 폐

漸入佳境
점입가경

점점 재미있는 경지로 들어감.

庸劣(용렬)	傾斜(경사)	緣由(연유)	優雅(우아)	貞淑(정숙)
못생기어 재주가 없고 어리석음.	비스듬히 기울어짐. 또는 기울어진 정도. 예) 경사지(傾斜地).	일의 까닭. 사유(事由).	① 점잖고 아담함. ② 고상하고 기품이 있음.	여자의 행실이 깨끗하고 마음이 맑음.

庸	劣	傾	斜	緣	由	優	雅	貞	淑
어리석을 **용**	용렬할 **렬**	기울어질 **경**	비낄 **사**	인연 **연**	까닭 **유**	부드러울 **우**	아담할 **아**	곧을 **정**	맑을 **숙**
庸	劣	傾	斜	緣	由	優	雅	貞	淑
庸	劣	傾	斜	緣	由	優	雅	貞	淑
庸	劣	傾	斜	緣	由	優	雅	貞	淑

井中之蛙 정중지와	우물안 개구리와 같이 넓은 세상의 형편을 모른다는 뜻.

淨潔(정결)	爛漫(난만)	熟練(숙련)	差額(차액)	靜肅(정숙)
말쑥하고 깨끗함. 건정(乾淨).	① 꽃이 활짝 핀 모양. ② 화려한 광채가 넘쳐 흐르는 모양.	익숙하게 익힘. 예)숙련공(熟練工).	서로 틀리는 액수. 덜어 내고 남은 돈.	고요하고 엄숙함. 숙정(肅靜).

淨	潔	爛	漫	熟	練	差	額	靜	肅
깨끗할 정	깨끗할 결	무르녹을 란	흩어질 만	익을 숙	익힐 련	어긋날 차	수량 액	조용할 정	엄숙할 숙
淨	潔	爛	漫	熟	練	差	額	靜	肅
淨	潔	爛	漫	熟	練	差	額	靜	肅
淨	潔	爛	漫	熟	練	差	額	靜	肅

濟世之才 제세지재	세상을 구제할 만한 뛰어난 재주와 역량.

純朴(순박)	相互(상호)	惠澤(혜택)	敦篤(돈독)	拜謁(배알)
성질이 순량하고 꾸밈이 없음.	서로. 호상(互相). 예) 상호간(相互間).	은혜와 덕택.	인정이 두터움. 돈후(敦厚).	나아가 높은 사람을 뵘. 면알.

純	朴	相	互	惠	澤	敦	篤	拜	謁
순수할 **순**	순박할 **박**	서로 **상**	서로 **호**	은혜 **혜**	은혜 **택**	도타울 **돈**	도타울 **독**	절 **배**	뵈올 **알**
純	朴	相	互	惠	澤	敦	篤	拜	謁
純	朴	相	互	惠	澤	敦	篤	拜	謁
純	朴	相	互	惠	澤	敦	篤	拜	謁

糟糠之妻 조강지처	곤경 속에서 같이 생활하던 아내.

聖賢(성현)	勸誘(권유)	待遇(대우)	內剛(내강)	隆盛(융성)
성인과 현인. 예) 성현군자(聖賢君子).	권하여 꾀임. 유진(誘進). 예) 출마권유(出馬勸誘).	예를 갖추어 신분에 맞게 대함.	생김새보다 속마음이 굳음. 예) 외유내강(外柔內剛).	매우 기운차고 성하게 일어남.

聖	賢	勸	誘	待	遇	內	剛	隆	盛
성인 성	어질 현	권할 권	꾈 유	대할 대	만날 우	속 내	굳셀 강	성할 륭	성할 성

朝變夕改 조변석개 — 아침 저녁으로 뜯어 고친다는 뜻으로 자주 변경함을 말함.

崇高(숭고)	厚德(후덕)	偉功(위공)	紡績(방적)	貢獻(공헌)
매우 존엄하고 고상함.	두터운 덕과 행실. 또는 덕이 두터움.	위대한 공로. 위적(偉績).	동식물의 섬유를 가공하여 실을 만드는 일.	① 이바지함. 기여(寄與). ② 공물(貢物)을 나라에 바침.

崇	高	厚	德	偉	功	紡	績	貢	獻
높을 숭	높을 고	두터울 후	덕 덕	위대할 위	공 공	길쌈할 방	길쌈할 적	바칠 공	드릴 헌
崇	高	厚	德	偉	功	紡	績	貢	獻
崇	高	厚	德	偉	功	紡	績	貢	獻
崇	高	厚	德	偉	功	紡	績	貢	獻

朝三暮四 조삼모사	간사스러운 꾀로 남을 속여 희롱함을 말함.

罔極(망극)	抑留(억류)	緊迫(긴박)	貪慾(탐욕)	虛妄(허망)
임금이나 어버이의 은혜가 그지 없음.	① 억지로 머무르게 함. ② 억지로 자유를 구속함.	바싹 닥쳐 몹시 급함.	지나치게 탐내는 욕심.	거짓이 많고 근거가 없음. 허탄(虛誕).

罔	極	抑	留	緊	迫	貪	慾	虛	妄
없을 망	끝 극	억누를 억	머무를 류	긴할 긴	다가올 박	탐낼 욕	욕심 욕	빌 허	망녕될 망
罔	極	抑	留	緊	迫	貪	慾	虛	妄
罔	極	抑	留	緊	迫	貪	慾	虛	妄
罔	極	抑	留	緊	迫	貪	慾	虛	妄

終無消息 종무소식	끝끝내 아무런 소식이 없음.

騷亂(소란)	毀損(훼손)	奔忙(분망)	安逸(안일)	熱烈(열렬)
시끄럽고 어수선함. 소동(騷動).	① 체면을 손상함. ② 헐어서 못쓰게 함. 예) 명예훼손(名譽毀損).	매우 부산하게 바쁨.	썩 편하고 한가함. 예) 무사안일주의(無事安逸主義).	몹시 정열을 내어 열성스러움.

騷	亂	毀	損	奔	忙	安	逸	熱	烈
시끄러울 소	어지러울 란	헐 훼	덜 손	분주할 분	바쁠 망	편안 안	편안할 일	더울 열	매울 렬

縱橫無盡
종횡무진 — 자유 자재로 거리낌 없이 마음대로 함.

悽慘(처참)	荒廢(황폐)	唐突(당돌)	橫暴(횡포)	弊端(폐단)
슬프고 참혹함. 끔찍스럽게 참혹함.	거칠어서 못쓰게 됨.	올차고 다부져 어려워하는 마음이 없음.	상리(常理)에서 벗어나고 몹시 사납게 굶. 또는 그 행동.	① 괴롭고 번거로움. ② 좋지 못한 해로운 점.

悽	慘	荒	廢	唐	突	橫	暴	弊	端
슬퍼할 처	참혹할 참	거칠 황	폐할 폐	갑자기 당	갑자기 돌	사나울 횡	사나울 포	나쁠 폐	끝 단

坐見千里 좌견천리
앉아서 천리를 본다는 말로 멀리 앞을 내다본다는 의미.

封鎖(봉쇄)	衝擊(충격)	掠奪(약탈)	治療(치료)	苦杯(고배)
① 봉하여 잠금. ② 외부와의 연락을 끊음.	① 갑자기 심한 타격을 받는 일. ② 외력(外力)의 돌발적인 자극.	폭력을 써서 억지로 빼앗음.	병을 잘 다스려 낫게 함.	① 쓴 술잔. ② 억울한 실패나 몹시 심한 고생.

封	鎖	衝	擊	掠	奪	治	療	苦	杯
봉할 봉	잠글 쇄	부딪칠 충	칠 격	노략질할 략	빼앗을 탈	병고칠 치	병고칠 료	쓸 고	잔 배
封	鎖	衝	擊	掠	奪	治	療	苦	杯
封	鎖	衝	擊	掠	奪	治	療	苦	杯
封	鎖	衝	擊	掠	奪	治	療	苦	杯

坐不安席 좌불안석	마음의 불안·초조 등으로 한 자리에 오래 앉아 있지 못함.

埋藏(매장)	腐敗(부패)	革新(혁신)	完遂(완수)	秩序(질서)
① 송장을 땅에 묻음. ② 사회에서 몰아 냄.	① 부패균에 의해 물질이 변화하는 일. ② 정신이 타락함.	묵은 조직을 바꾸어 새롭게 하는 일. 예) 교풍혁신(校風革新).	목적을 완전히 달성함. 예) 책임완수(責任完遂).	사물의 조리 또는 그 순서. 예) 질서유지(秩序維持).

埋	藏	腐	敗	革	新	完	遂	秩	序
묻을 배	감출 장	썩을 부	무너질 패	고칠 혁	새 신	완전할 완	이룩할 수	차례 질	차례 서
埋	藏	腐	敗	革	新	完	遂	秩	序
埋	藏	腐	敗	革	新	完	遂	秩	序
埋	藏	腐	敗	革	新	完	遂	秩	序

左衝右突 좌충우돌	이리저리 막 치고받고 함.

英斷(영단)	榮譽(영예)	統率(통솔)	將帥(장수)	功過(공과)
① 지혜롭고 용기 있게 처단함. ② 뛰어난 결단.	영광스러운 명예.	온통 몰아서 거느림. 예) 통솔자(統率者).	군사를 통솔하는 우두머리. 장군. 장령(將領).	공로와 과실. 예) 공과상반(功過相半).

英	斷	榮	譽	統	率	將	帥	功	過
재주뛰어날 **영**	결단할 **단**	영화로울 **영**	명예 **예**	거느릴 **통**	거느릴 **솔**	장수 **장**	장수 **수**	공 **공**	허물 **과**
英	斷	榮	譽	統	率	將	帥	功	過
英	斷	榮	譽	統	率	將	帥	功	過
英	斷	榮	譽	統	率	將	帥	功	過

主客顚倒 주객전도	사물의 경중·선후·완급이 서로 바뀜.

교양한자 익히며 쓰기

堅固(견고)	抽象(추상)	柔軟(유연)	得男(득남)	湯藥(탕약)
① 굳고 단단함. ② 확실(確實)함.	많은 표상에서 공통되는 측면이나 성질을 뽑아냄. 반) 구체(具體).	부드럽고 연함.	아들을 낳음. 생남(生男).	달이어서 먹는 한약. 탕제(湯劑).

堅	固	抽	象	柔	軟	得	男	湯	藥
굳을 견	굳을 고	뽑을 추	형상 상	부드러울 유	연할 연	얻을 득	아들 남	끓일 탕	약 약
堅	固	抽	象	柔	軟	得	男	湯	藥
堅	固	抽	象	柔	軟	得	男	湯	藥
堅	固	抽	象	柔	軟	得	男	湯	藥

晝耕夜讀 주경야독	낮에는 일하고 밤에는 공부함.

高低(고저)	休憩(휴게)	提携(제휴)	邪惡(사악)	見聞(견문)
① 높낮이. ② 발음체의 진동수에 따라서 구별되는 음의 높낮이.	일을 하거나 길을 걷는 도중에 잠깐 쉬는 일. 휴식(休息).	서로 붙들어 도와 줌.	간사하고 악독함.	① 보고 들음. ② 문견(聞見). 예) 견문록(見聞錄).

高低	休憩	提携	邪惡	見聞
높을 고 / 낮을 저	쉴 휴 / 쉴 게	끌 제 / 이끌 휴	간사할 사 / 악할 악	볼 견 / 들을 문

走馬看山
주마간산

분주하고 어수선하여 무슨 일이든 휙휙 지나가며 봄.

亨通(형통)	祥瑞(상서)	符號(부호)	扶養(부양)	起居(기거)
온갖 일이 잘 통하여 뜻과 같이 되어 감.	복되고 길한 일이 일어날 징조.	어떤 뜻을 나타내는 기호.	어리거나 늙어서 혼자 살아갈 능력이 없는 자의 생활을 도와줌.	① 날마다 지내는 몸의 형편. ② 영접할 때 일어남.

亨	通	祥	瑞	符	號	扶	養	起	居
형통할 형	통할 통	상서로울 상	상서로울 서	부신 부	이름 호	도울 부	봉양할 양	일어날 기	살 거
亨	通	祥	瑞	符	號	扶	養	起	居
亨	通	祥	瑞	符	號	扶	養	起	居
亨	通	祥	瑞	符	號	扶	養	起	居

周遊天下 주유천하	천하를 두루 돌아다니며 구경함.

結付(결부)	包含(포함)	返信(반신)	附屬(부속)	猶豫(유예)
연결시키어 붙임.	① 속에 싸이어 있음. ② 속에다 쌈.	회답하는 통신. 회신(回信).	① 주되는 일이나 물건에 딸려서 붙음. ② 부속품의 약어.	① 시일을 늦춤. ② 망설여 결행하지 않음.

結付	包含	返信	附屬	猶豫
맺을 **결** / 붙일 **부**	쌀 **포** / 품을 **함**	돌아올 **반** / 믿을 **신**	붙을 **부** / 붙을 **속**	머뭇거릴 **유** / 머뭇거릴 **예**
結 付	包 含	返 信	附 屬	猶 豫
結 付	包 含	返 信	附 屬	猶 豫
結 付	包 含	返 信	附 屬	猶 豫

酒池肉林
주지육림

술은 못을 이루고 고기는 숲을 이룬다는 것으로 성대한 술잔치를 말함.

踏襲(답습)	添酌(첨작)	案件(안건)	棄權(기권)	珍品(진품)
① 뒤를 이어 맡음. ② 선인의 행적을 그대로 따라 행함. 도습(蹈襲).	종헌(終獻) 드린 잔에 다시 술을 가득하게 채우는 일.	토의하거나 조사해야 할 사실. 문제가 된 사실. 예) 회의 안건(案件).	자기 권리를 버리고 쓰지 않음.	진귀한 물품. 희귀한 물건.

踏襲	添酌	案件	棄權	珍品
밟을 답 / 인할 습	더할 첨 / 잔질할 작	계획 안 / 사건 건	버릴 기 / 권세 권	진기할 진 / 물건 품

竹馬故友
죽마고우

어릴 때부터 같이 놀며 자란 친구.

傳承(전승)	吸煙(흡연)	混濁(혼탁)	中央(중앙)	標識(표지)
문화·풍속·제도 따위를 전하여 받아 계승하는 일.	① 담배를 피움. ② 담배의 연기를 빪.	① 맑지 아니하고 흐림. ② 사회현상이 어지럽고 흐림.	① 사방에서 한 가운데가 되는 곳. ② 서울의 일컫는 말.	① 목표. ② 어떤 일을 나타내기 위한 기록. 표치(標幟). 표(表).

傳	承	吸	煙	混	濁	中	央	標	識
전할 전	이을 승	숨들이쉴 흡	연기 연	섞일 혼	흐릴 탁	가운데 중	가운데 앙	표 표	기록할 지
傳	承	吸	煙	混	濁	中	央	標	識
傳	承	吸	煙	混	濁	中	央	標	識
傳	承	吸	煙	混	濁	中	央	標	識

衆口鑠金
중구삭금

여러사람이 참소하는 말은 금이라도 녹일만큼 힘이 있음.

考察(고찰)	裁量(재량)	報告(보고)	俱存(구존)	幕舍(막사)
자세히 살펴봄.	자기의 의견에 의해 재단하고 처리함. 예) 자유재량 (自由裁量).	감독하는 지위의 사람에게 일의 내용이나 결과를 말이나 글로 알림.	어버이가 모두 살아 계심. 반) 구몰 (俱沒).	임시로 되는대로 허름하게 지은 집. 막집. 천막집.

考	察	裁	量	報	告	俱	存	幕	舍
상고할 고	살필 찰	마를 재	헤아릴 량	알릴 보	알릴 고	함께 구	있을 존	장막 막	집 사
考	察	裁	量	報	告	俱	存	幕	舍
考	察	裁	量	報	告	俱	存	幕	舍
考	察	裁	量	報	告	俱	存	幕	舍

中道而廢 중도이폐	일을 하다가 중간에서 그만 둠.

各處(각처)	絶壁(절벽)	贈與(증여)	賜暇(사가)	遙遠(요원)
여러 곳. 모든 곳.	① 급한 낭떠러지. ② 귀머거리나 멍청이를 낮추어 일컫는 말.	선사하여 줌. 예) 증여품(贈與品).	휴가(休暇)를 허가하여 줌. 말미를 줌.	아득하게 멂. 요원(遼遠). 예) 전도요원(前途遼遠).

各	處	絶	壁	贈	與	賜	暇	遙	遠
각자 각	곳 처	끊을 절	바람벽 벽	줄 증	줄 여	내릴 사	겨를 가	멀 요	멀 원
各	處	絶	壁	贈	與	賜	暇	遙	遠
各	處	絶	壁	贈	與	賜	暇	遙	遠
各	處	絶	壁	贈	與	賜	暇	遙	遠

重言復言 증언부언	조리가 안맞는 말을 되풀이함.

感泣(감읍)	至誠(지성)	幸福(행복)	希求(희구)	畏怯(외겁)
감격하여 욺. 감체(感涕).	지극히 성실함. 또는 그 정성. 간성(懇誠).	① 좋은 운수. ② 뜻을 이루어 조금도 부족감이 없는 마음의 상태.	무엇을 바라고 요구함.	두렵게 여기고 겁냄.

感	泣	至	誠	幸	福	希	求	畏	怯
감동할 감	울 읍	지극할 지	정성 성	다행 행	복 복	바랄 희	구할 구	두려워할 외	겁낼 겁

芝蘭之交 지란지교	깨끗하고도 밝은 벗 사이의 교제.

교양한자 익히며 쓰기

悚懼(송구)	醜物(추물)	幼稚(유치)	唯獨(유독)	缺如(결여)
마음에 두렵고 미안함.	① 더러운 물건. ② 더럽고 지저분한 사람.	① 나이가 어림. ② 정도(程度)가 낮음. 예) 유치원(幼稚園).	① 오직 홀로. ② 많은 가운데 오직 홀로. 유독(惟獨).	갖추어지지 않아 모자람. 빠져서 없음.

悚	懼	醜	物	幼	稚	唯	獨	缺	如
두려울 송	두려워할 구	더러울 추	물건 물	어릴 유	어릴 치	오직 유	홀로 독	모자랄 결	같을 여
悚	懼	醜	物	幼	稚	唯	獨	缺	如
悚	懼	醜	物	幼	稚	唯	獨	缺	如
悚	懼	醜	物	幼	稚	唯	獨	缺	如

指鹿爲馬 지록위마	윗사람을 농락하여 권세를 마음대로 휘두름.

潛伏(잠복)	在京(재경)	經過(경과)	抵觸(저촉)	光景(광경)
① 숨어 엎드림. ② 병이 감염되어 있으나. 증상이 드러나지 않음.	서울에 있음. 예) 재경학우회(在京學友會).	① 때의 지나감. ② 때를 지남. ③ 일을 겪음. 또는 그 과정.	① 서로 부딪침. 서로 모순됨. ② 규칙 등에 다뜨려 걸려 듬.	① 형편과 몽양. 정경(情景). ② 꼴. 경치.

潛	伏	在	京	經	過	抵	觸	光	景
숨길 **잠**	엎드릴 **복**	있을 **재**	서울 **경**	지날 **경**	지날 **과**	거스를 **저**	닿을 **촉**	빛 **광**	경치 **경**
潛	伏	在	京	經	過	抵	觸	光	景
潛	伏	在	京	經	過	抵	觸	光	景
潛	伏	在	京	經	過	抵	觸	光	景

進退兩難 진퇴양난	나아가지도 물러서지도 못함.

異彩(이채)	必須(필수)	忘失(망실)	殆半(태반)	僅少(근소)
① 이상한 광채. ② 색다른 색채. 예) 이채(異彩)를 띠다.	꼭 필요함. 없어서는 아니 됨. 예) 필수품(必需品).	① 잊어버림. ② 기억에서 아주 사라진 상태. 망각(忘却).	거의 절반. 예) 일의 태반(殆半)을 마쳤다.	아주 적음. 분촌(分寸). 반) 과다(過多). 막대(莫大).

異彩		必須		忘失		殆半		僅少	
다를 이	채색 채	반드시 필	요긴할 수	잊을 망	잃을 실	거의 태	반 반	적을 근	적을 소

滄海桑田
창해상전

푸른 바다가 뽕밭이 된다는 것으로 세월의 흐름을 말함.

削除(삭제)	永續(영속)	瞬間(순간)	令息(영식)	肖像(초상)
① 깎아서 없앰. ② 지워 버림. 반) 첨가(添加).	오래 계속함.	잠깐 동안. 반) 영원(永遠). 예) 순간적(瞬間的).	남의 아들. 영량(令郞). 영윤(令胤).	어떤 사람과 꼭 같게 그린 그림이나 새긴 조각. 예) 초상화(肖像畫).

削	除	永	續	瞬	間	令	息	肖	像
깎을 삭	덜 제	길 영	이을 속	눈깜짝할 순	사이 간	좋을 영	자식 식	닮을 초	형상 상

天高馬肥 천고마비
하늘이 높고 말이 쌀찐다는 것으로 가을을 말함.

類似(유사)	強硬(강경)	抗議(항의)	拒逆(거역)	恐怖(공포)
서로 비슷함. 예) 유사품(類似品).	굳세게 버티어 굽히지 아니함. 예) 강경책(强硬策).	반대의 뜻을 주장함. 항변(抗辯).	웃사람의 뜻이나 명령을 항거하여 거스름.	무서움과 두려움. 예) 공포심(恐怖心).

類	似	強	硬	抗	議	拒	逆	恐	怖
닮을 류	같을 사	굳셀 강	굳을 경	대항할 항	의논할 의	맞설 거	거스를 역	두려울 공	두려울 포

千慮一失
천려일실
슬기로운 사람의 생각에도 간혹 실수가 있다는 말.

脅迫(협박)	浮動(부동)	風浪(풍랑)	叫喚(규환)	厄禍(액화)
① 으르고 다잡음. ② 공포심에 빠지도록 해롭게 할 뜻을 알림.	떠돌아 다님. 떠서 움직임. 예) 부동표(浮動票).	① 바람과 물결. ② 불어치는 바람에 따라 일어나는 물결.	부르짖고 외침. 예) 아비규환(阿鼻叫喚).	액으로 당하는 재앙.

脅	迫	浮	動	風	浪	叫	喚	厄	禍
으를 협	핍박할 박	뜰 부	움직일 동	바람 풍	물결 랑	부르짖을 규	부를 환	재앙 액	재앙 화

天方地軸 천방지축	너무 바빠서 허둥대는 것.

교양한자 익히며 쓰기

難關(난관)	崩壞(붕괴)	渴望(갈망)	陷落(함락)	沒頭(몰두)
① 지나기가 어려운 고비. ② 일의 어려운 고비.	① 무너짐. 허물어짐. ② 반사선 원자의 분해.	간절히 바람.	① 땅이 무너져 떨어짐. ② 적진을 빼앗음. 예) 함락된 성(城).	무슨 일에 열중함. 전념(專念). 예) 연구(研究)에 몰두(沒頭) 함.

難	關	崩	壞	渴	望	陷	落	沒	頭
어려울 난	요새(관) 관	산무너질 붕	무너질 괴	목마를 갈	바랄 망	빠질 함	떨어질 락	빠질 몰	머리 두

天佑神助 천우신조 — 하늘과 신령의 도움.

災殃(재앙)	違背(위배)	疲勞(피로)	怠業(태업)	茫洋(망양)
천변지이 따위로 말미암아 온갖 불행한 일. 앙재. 환란(患亂).	약속한 바를 어김. 위반·위변(違變).	몸이 지치어 곤함. 피곤(疲困)·피비(疲憊).	① 노동쟁의 수단의 하나. ② 일을 게을리 함.	① 끝없이 넓은 바다. ② 넓어서 갈피를 잡을 수 없음.

災	殃	違	背	疲	勞	怠	業	茫	洋
재앙 재	재앙 앙	어길 위	배반할 배	피곤할 피	지칠 로	게으를 태	일 업	망망할 망	큰바다 양

徹頭徹尾 철두철미: 머리에서 꼬리까지 투철하다는 것으로 사리에 밝고 일에 철저함.

孤兒(고아)	寂滅(적멸)	尤甚(우심)	徹底(철저)	幽閉(유폐)
부모가 없는 아이. 예) 고아원(孤兒院).	① 열반의 경지를 이르는 말. ② 죽음. 입적(入寂).	더욱 심함.	① 속속들이 꿰뚫음. ② 밑바닥까지 들어 가는 태도.	① 사람을 방 안 깊이 가둠. ② 깊이 들어박히는 일.

孤	兒	寂	滅	尤	甚	徹	底	幽	閉
외로울 고	아이 아	고요할 적	멸망할 멸	더욱 우	심할 심	뚫을 철	밑 저	그윽할 유	닫을 폐
孤	兒	寂	滅	尤	甚	徹	底	幽	閉
孤	兒	寂	滅	尤	甚	徹	底	幽	閉
孤	兒	寂	滅	尤	甚	徹	底	幽	閉

青山流水 청산유수	막힘없이 말을 잘하는 것을 비유함.

徐步(서보)	緩和(완화)	兼職(겸직)	連絡(연락)	來訪(내방)
천천히 걷는 걸음. 서행(徐行).	급박한 것을 느슨하게 함.	본직(本職) 이외에 다른 직무를 겸함.	정보나 소식 따위를 전함.	찾아옴.

徐	步	緩	和	兼	職	連	絡	來	訪
천천히할 서	걸음 보	늦출 완	화할 화	겸할 겸	벼슬 직	이을 연	이을 락	올 래	찾을 방
徐	步	緩	和	兼	職	連	絡	來	訪
徐	步	緩	和	兼	職	連	絡	來	訪
徐	步	緩	和	兼	職	連	絡	來	訪

清心寡慾 청심과욕	마음을 깨끗이하여 욕심을 적게 함.

聯盟(연맹)	優先(우선)	興亡(흥망)	趣旨(취지)	朱丹(주단)
둘 이상의 국가나 단체가 공동으로 행동할 것을 약속함.	다른 것보다 앞섬.	흥하고 망함.	① 의향. ② 생각.	곱고 붉은 빛깔.

聯	盟	優	先	興	亡	趣	旨	朱	丹
연결할 연	맹세할 맹	넉넉할 우	먼저 선	일어날 흥	망할 망	뜻 취	뜻 지	붉을 주	붉을 단

青出於藍 청출어람: 쪽에서 나온 물감이 쪽보다 푸르다는 것으로 제자가 스승보다 났다는 뜻.

燭淚(촉루)	打鐘(타종)	變遷(변천)	影響(영향)	華麗(화려)
초가 녹아서 된 액체.	종을 침.	(시간의 흐름에 따라서) 변하여 달라짐.	① 말이나 행동에 따라 응하는 것. ② 변화를 주는 작용.	빛나고 고움.

燭	淚	打	鐘	變	遷	影	響	華	麗
촛불 촉	눈물 루	칠 타	종 종	변할 변	옮길 천	그림자 영	울림 향	화려할 화	고울 려

草綠同色 초록동색	풀빛과 녹색은 한 색깔이라는 뜻으로 같은 무리끼리 어울린다는 뜻.

교양한자 익히며 쓰기

科程(과정)	退却(퇴각)	驅逐(구축)	跳躍(도약)	橋梁(교량)
① 학과의 과정. ② 순서·차례.	(불리하거나 져서) 뒤로 물러감.	몰아냄. 쫓아냄.	① 공중으로 뛰어오름. ② 급격한 진보나 발전의 단계로 뛰어오름.	다리
科程	退却	驅逐	跳躍	橋梁
과정 과 / 단위 정	물러날 퇴 / 물리칠 각	몰 구 / 쫓을 축	뛸 도 / 뛸 약	다리 교 / 나무다리 량
科程	退却	驅逐	跳躍	橋梁
科程	退却	驅逐	跳躍	橋梁
科程	退却	驅逐	跳躍	橋梁

初志一貫
초지일관 — 처음 계획한 뜻을 이루려고 끝까지 밀고 나감.

秘訣(비결)	甘苦(감고)	概要(개요)	閉塞(폐색)	夢想(몽상)
(남이 알지 못하는) 가장 효과적인 방법. 노하우(know-how).	즐거움과 괴로움.	줄거리. 대강(大綱). 개략(槪略).	① 닫아 막힘. ② (운수가) 꼭 막힘.	① 꿈 속의 생각. ② 꿈같이 허황한 생각을 함.

秘	訣	甘	苦	概	要	閉	塞	夢	想
숨길 비	비법 결	달 감	쓸 고	대개 개	구할 요	닫을 폐	막힐 색	꿈 몽	생각할 상
秘	訣	甘	苦	概	要	閉	塞	夢	想
秘	訣	甘	苦	概	要	閉	塞	夢	想
秘	訣	甘	苦	概	要	閉	塞	夢	想

寸鐵殺人 촌철살인	한치의 칼로 사람을 죽인다는 것으로 간결하고 핵심적인 말을 뜻함.

吉兆(길조)	樓閣(누각)	關係(관계)	脣音(순음)	許諾(허락)
좋은 조짐.	사방이 탁 트이게 높이 지은 다락집.	①맺어져 걸린 상태. ② 다른 것에 영향을 미침.	입술소리.	하겠다고 요청하는 것을 들어 줌.

吉	兆	樓	閣	關	係	脣	音	許	諾
길할 길	조짐 조	다락 루	문설주 각	관련을 가질 관	연결될 계	입술 순	소리 음	허락할 허	대답할 락
吉	兆	樓	閣	關	係	脣	音	許	諾
吉	兆	樓	閣	關	係	脣	音	許	諾
吉	兆	樓	閣	關	係	脣	音	許	諾

秋風落葉 추풍낙엽	가을 바람에 흩어져 떨어지는 낙엽.

溫床(온상)	募兵(모병)	北緯(북위)	茂盛(무성)	開拓(개척)
인공적으로 다습(多濕)하게하여 식물을 기르는 곳.	군사를 모음.	적도 이북의 위도.(반) 남위(南緯).	풀과 나무가 우거지다.	① 거친 땅을 일구어 논밭을 만듦. ② 새로운 분야를 길을 닦음.

溫	床	募	兵	北	緯	茂	盛	開	拓
따뜻할 온	침상 상	모을 모	군사 병	북녘 북	씨 위	우거질 무	성할 성	열 개	넓힐 척

出嫁外人 출가외인	시집간 딸은 남과 같다는 뜻.

仙女(선녀)	莫逆(막역)	門中(문중)	左右(좌우)	奚琴(해금)
여자 신선.	뜻이 맞아 서로 허물이 없음. 막역한 친구.	성(姓)과 본(本)이 같은 가까운 집안.	① 왼쪽과 오른쪽. ② 옆이나 주위. ③ 곁에서 거느리는 사람.	두 가닥의 명주실을 현으로 삼아 활시위로 비벼서 소리내는 악기.

仙	女	莫	逆	門	中	左	右	奚	琴
신선 선	계집 녀	없을 막	거스를 역	문 문	가운데 중	왼 좌	오른쪽 우	어찌 해	거문고 금

惻隱之心 측은지심	불쌍히 여겨서 언짢아 하는 마음.

輿論(여론)	快哉(쾌재)	喪主(상주)	嗚咽(오열)	啞然(아연)
사회 대중의 공통된 의견.	'통쾌하다!'고 하는 말. 쾌재를 부르다.	맏상제.	목이 메어 욺.	기가 막혀 말이 안 나오는 모양. 아연(啞然)히.

輿	論	快	哉	喪	主	嗚	咽	啞	然
여러사람 여	말할 론	유쾌할 쾌	어조사 재	초상 상	주인 주	탄식할 오	목멜 열	벙어리 아	그러할 연

針小棒大 침소봉대	작은 일을 크게 허풍 떨어 말함.

有害(유해)	紛爭(분쟁)	滅裂(멸렬)	超越(초월)	每回(매회)
해가 있음.	어떤 일로 서로 시끄럽게 다투는 일.	찢기고 흩어져 형체가 없어짐.	① 뛰어넘음. ② 세상의 명리나 이익에 관심을 갖지 아니함.	한 회 한 회.

有	害	紛	爭	滅	裂	超	越	每	回
있을 유	해칠 해	어지러울 분	다툴 쟁	멸망할 멸	찢을 렬	넘을 초	넘을 월	매양 매	돌 회

他山之石 타산지석	다른 사람의 말과 행동이 내 덕을 닦는데 도움이 된다는 뜻.

都賣(도매)	浩然(호연)	誰何(수하)	雖曰(수왈)	首肯(수긍)
생산자로부터 상품을 사서 팔아 넘기는 일.	① (마음이) 넓고 커 태연하다. ② 물의 흐름이 그침이 없다.	누구인지 신분을 밝히도록 묻는 일.	비록 말하더라도.	그러하다는 뜻으로 고개를 끄덕임.

都	賣	浩	然	誰	何	雖	曰	首	肯
모을 도	팔 매	클 호	그러할 연	누구 수	어찌 하	비록 수	가로 왈	머리 수	옳게여길 긍
都	賣	浩	然	誰	何	雖	曰	首	肯
都	賣	浩	然	誰	何	雖	曰	首	肯
都	賣	浩	然	誰	何	雖	曰	首	肯

泰然自若 태연자약	마음에 무슨 일을 당하여도 변하지 않음.

市街(시가)	向學(향학)	脫線(탈선)	舌戰(설전)	愚昧(우매)
도시의 큰 거리. 번화한 거리.	배움에 뜻을 두고 나아감.	① 기차가 선로를 벗어남. ② 정상적인 관습이나 도덕에서 벗어남.	말다툼.	어리석고 사리에 어두움.

市	街	向	學	脫	線	舌	戰	愚	昧
저자 **시**	거리 **가**	향할 **향**	배울 **학**	벗을 **탈**	줄 **선**	혀 **설**	싸울 **전**	어리석을 **우**	어두울 **매**

破竹之勢 파죽지세 — 세력이 강하여 막을 수 없는 모양.

敢行(감행)	佛畵(불화)	豈不(기불)	構造(구조)	妨害(방해)
과감하게 실행함.	부처를 그린 그림. 불교를 소재로 하여 그린 그림.	어찌 …하지 않겠는가.	어떤 사물이나 조직체의 짜임새.	(남이 하는 일에) 훼살을 놓음.

敢	行	佛	畵	豈	不	構	造	妨	害
감히 감	갈 행	부처 불	그림 화	어찌 기	아니 불	얽을 구	지을 조	방해할 방	해칠 해

敗家亡身 패가망신	가산을 없애고 몸을 망침.

射擊(사격)	殉職(순직)	依託(의탁)	漸進(점진)	紫煙(자연)
총이나 대포 따위를 쏘는 일.	직무를 수행하다가 목숨을 잃음.	남에게 맡기어 부탁함.	차츰 차츰 나아감.	자주빛의 연기.

射	擊	殉	職	依	託	漸	進	紫	煙
쏠 사	부딪칠 격	따라죽을 순	벼슬 직	의지할 의	부탁할 탁	점점 점	나아갈 진	자주빛 자	연기 연
射	擊	殉	職	依	託	漸	進	紫	煙
射	擊	殉	職	依	託	漸	進	紫	煙
射	擊	殉	職	依	託	漸	進	紫	煙

抱腹絶倒 포복절도	배를 잡고 몸을 가누지 못할 정도로 우스움.

兎皮(토피)	嬋娟(선연)	遊覽(유람)	乾燥(건조)	濕氣(습기)
토끼 가죽.	곱고 예쁨.	이리저리 돌아다니며 구경함.	① 습기나 물기가 없는 마른 상태. ② 재미나 여유가 없는 상태.	축축한 기운.

兎	皮	嬋	娟	遊	覽	乾	燥	濕	氣
토끼 토	가죽 피	아름다울 선	예쁠 연	놀 유	볼 람	하늘 건	마를 조	축축할 습	기운 기

表裏不同 표리부동	겉과 속이 다름.

昨夜(작야)	曉星(효성)	汗顏(한안)	累代(누대)	朔風(삭풍)
어젯밤.	새벽 별.	두렵거나 부끄러워 얼굴에 땀을 흘림.	여러 대.	겨울철에 북쪽에서 불어오는 찬바람.

昨	夜	曉	星	汗	顏	累	代	朔	風
어제 작	밤 야	새벽 효	별 성	땀 한	얼굴 안	여러 루	세대 대	북녘 삭	바람 풍
昨	夜	曉	星	汗	顏	累	代	朔	風
昨	夜	曉	星	汗	顏	累	代	朔	風
昨	夜	曉	星	汗	顏	累	代	朔	風

風樹之嘆 풍수지탄	효도를 다하지 못한 채 어버이를 여읜 자식의 슬픔.

교양한자 익히며 쓰기

危險(위험)	築造(축조)	港都(항도)	顯忠(현충)	亞洲(아주)
① 실패하거나 목숨에 관계되는 위해가 일어날 가능성이 있음.	쌓아 만듦.	항구에 직면한 도시.	충성스런 뜻을 드러냄.	동아시아.

危	險	築	造	港	都	顯	忠	亞	洲
위태할 위	험할 험	쌓을 축	지을 조	항구 항	도읍 도	나타날 현	충성 충	버금 아	섬 주

鶴首苦待 학수고대	학의 목처럼 길게 늘여 몹시 기다림.

浦村(포촌)	罪囚(죄수)	獄舍(옥사)	營農(영농)	臨迫(임박)
갯가 마을.	죄를 짓고 갇혀 있는 사람.	죄수들이 갇혀 있는 집.	농업을 경영함.	가까이 닥침.

浦村	罪囚	獄舍	營農	臨迫
개 포 / 마을 촌	허물 죄 / 가둘 수	옥 옥 / 집 사	다스릴 영 / 농사 농	임할 임 / 닥칠 박

緘口無言
함구무언

입을 다물고 말하지 않음.

敵陣(적진)	牙城(아성)	旗手(기수)	尖端(첨단)	淡綠(담록)
적의 진지.	① 군대의 본영. ② 어떤 부류의 세력이 자리잡고 있는 근거지.	① 행렬의 앞에서 기를 들고 가는 사람. ② 대표로 앞장서는 사람.	① 뾰족한 끝. ② 생각·행동·유행의 맨 앞장.	엷은 초록빛.
敵陣	牙城	旗手	尖端	淡綠
원수 적 / 진영 진	어금니 아 / 성 성	기 기 / 손 수	뾰족할 첨 / 바를 단	묽을 담 / 초록빛 록

含哺鼓腹
함포고복

잔뜩 먹고 배를 두들긴다는 것으로 배불리 먹고 잘사는 것을 말함.

漆黑(칠흑)	燈油(등유)	念佛(염불)	塔碑(탑비)	恩惠(은혜)
① 옻칠처럼 검고 광택이 나는 색깔. ② 몹시 검음.	등불을 켜는 데 쓰이는 기름.	① 부처의 이름을 외움. ② 불교의 경전을 외움.	탑과 비석.	고마운 혜택.

漆	黑	燈	油	念	佛	塔	碑	恩	惠
옷 **칠**	검을 **흑**	등잔 **등**	기름 **유**	외울 **염**	부처 **불**	탑 **탑**	비석 **비**	은혜 **은**	은혜 **혜**
漆	黑	燈	油	念	佛	塔	碑	恩	惠
漆	黑	燈	油	念	佛	塔	碑	恩	惠
漆	黑	燈	油	念	佛	塔	碑	恩	惠

虛心坦懷 허심탄회	마음에 아무런 사념 없이 솔직한 태도로 일에 임함.

屈伏(굴복)	胸襟(흉금)	先輩(선배)	桂樹(계수)	衣冠(의관)
힘이 모자라서 자기 주장이나 뜻을 세우지 못하고 복종함.	가슴속에 품은 생각.	자기보다 앞서고 높은 사람.	계수나무.	옷과 관. 옷차림.

屈	伏	胸	襟	先	輩	桂	樹	衣	冠
굽을 굴	엎드릴 복	가슴 흉	마음 금	앞 선	무리 배	계수나무 계	나무 수	옷 의	갓 관
屈	伏	胸	襟	先	輩	桂	樹	衣	冠
屈	伏	胸	襟	先	輩	桂	樹	衣	冠
屈	伏	胸	襟	先	輩	桂	樹	衣	冠

虛張聲勢 허장성세	실속은 없으면서 허세만 떠벌림.

輕快(경쾌)	繼泳(계영)	片舟(편주)	熙朝(희조)	沃畓(옥답)
마음이 가뜬하고 상쾌하다.	몇 명의 선수가 잇달아 헤엄을 쳐서 시간을 다투는 경기.	조각배.	잘 다스려진 왕조.	논에 물을 댐.

輕	快	繼	泳	片	舟	熙	朝	沃	畓
가벼울 경	유쾌할 쾌	이을 계	헤엄칠 영	조각 편	배 주	빛날 회	왕조 조	물댈 옥	논 답
輕	快	繼	泳	片	舟	熙	朝	沃	畓
輕	快	繼	泳	片	舟	熙	朝	沃	畓
輕	快	繼	泳	片	舟	熙	朝	沃	畓

軒軒丈夫 헌헌장부	외무가 준수하고 쾌활한 남자.

耕作(경작)	移植(이식)	豐穫(풍확)	蒸發(증발)	濃度(농도)
논밭을 갈아 농사를 지음.	옮겨 심음.	벼를 많이 벰.	① 액체가 변하여 기체로 됨. ② 사람이나 물체가 없어짐.	① 액체의 짙은 정도. ② 빛깔의 짙은 정도.

耕	作	移	植	豐	穫	蒸	發	濃	度
밭갈 경	지을 작	옮길 이	심을 식	풍성할 풍	벼벨 확	찔 증	필 발	짙을 농	법도 도
耕	作	移	植	豐	穫	蒸	發	濃	度
耕	作	移	植	豐	穫	蒸	發	濃	度
耕	作	移	植	豐	穫	蒸	發	濃	度

賢母良妻 현모양처	어진 어머니인 동시에 착한 아내.

縮刷(축쇄)	知己(지기)	報道(보도)	岳父(악부)	丈母(장모)
원형을 줄여서 인쇄하는 일.	자기를 이해하고 알아 주는 벗.	결과나 내용을 글이로 알림.	아내의 아버지. 장인.	아내의 어머니.

縮	刷	知	己	報	道	岳	父	丈	母
다스릴 축	쓸 쇄	알 지	자기 기	알릴 보	길 도	큰산 악	아비 부	어른 장	어미 모

螢雪之功
형설지공

반딧불 빛과 눈빛으로 책을 읽었다는 것으로 어려운 가운데 공부함.

교양한자 익히며 쓰기

家計(가계)	督勵(독려)	兮矣(혜의)	麻袋(마대)	絲雨(사우)
① 집안 살림의 수지(收支) 상태. ② 살아가는 방도나 형편.	감독하며 격려함.	어조사.	굵음 삼실로 짠 포대.	실처럼 내리는 가랑비.

家	計	督	勵	兮	矣	麻	袋	絲	雨
집 가	셈 계	살펴볼 독	힘쓸 려	어조사 혜	어조사 의	삼 마	자루 대	실 사	비 우
家	計	督	勵	兮	矣	麻	袋	絲	雨
家	計	督	勵	兮	矣	麻	袋	絲	雨
家	計	督	勵	兮	矣	麻	袋	絲	雨

狐假虎威 호가호위	남의 권세를 빌어 위세를 부림.

摘要(적요)	茶禮(차례)	腹案(복안)	嘗膽(상담)	治癒(치유)
중요한 부분을 뽑아 내어 적은 일.	명절날이나 조상의 생일을 맞아 조상에게 올리는 제사.	마음속에 품고 있는 생각이나 계획.	① 쓸개를 맛봄. ② 원수를 갚기 위해 고생함.	병을 낫게 다스림.

摘要	茶禮	腹案	嘗膽	治癒
딸 적 / 구할 요	차 차 / 예도 례	배 복 / 책상 안	맛볼 상 / 쓸개 담	다스릴 치 / 병나을 유

虎視耽耽
호시탐탐

범이 먹이를 노리듯이 가만히 기회를 엿봄.

飽食(포식)	保障(보장)	經穴(경혈)	美粧(미장)	假飾(가식)
밥을 배불리 먹음.	보전하여 해나 잘 못이 없도록 막음.	침을 놓거나 뜸을 뜨면 효과가 나타나는 자리.	아름답게 꾸밈.	속마음과는 달리 겉만 거짓으로 꾸밈.

飽	食	保	障	經	穴	美	粧	假	飾
배부를 포	밥 식	지킬 보	가로막을 장	세로 경	구멍 혈	아름다울 미	단장할 장	거짓 가	꾸밀 식

惑世誣民 혹세무민 — 세상 사람을 속여 미혹시키고 어지럽힘.

瓦屋(와옥)	臥病(와병)	映寫(영사)	同窓(동창)	賓客(빈객)
기와를 이은 집.	병으로 자리에 누움.	필름이나 사진 따위를 영사막에 비춤.	같은 학교를 다닌 사이.	귀한 손님.

瓦	屋	臥	病	映	寫	同	窓	賓	客
기와 와	집 옥	누울 와	병 병	비출 영	베낄 사	한가지 동	창 창	손님 빈	손님 객

畫龍點睛
화룡점정

용의 눈을 그리니 용이 승천했다는 것으로 일의 완성을 말함.

교양한자 익히며 쓰기

인쇄 2004년 2월 20일 발행 2004년 2월 28일
편자 설중환·펴낸이 한봉숙·펴낸곳 푸른사상사

출판등록 제2-2876호
주소 100-193 서울시 중구 을지로3가 296-10 장양빌딩 202호
전화 02) 2268-8706 8707 팩시밀리 02) 2268-8708
이메일 prun21c@yahoo.co.kr / prun21c@hanmail.net
홈페이지 www.prun21c.com

ⓒ 2004, 설중환
ISBN 89-5640-190-X-03640
값 7,000원

*잘못된 책은 교환하여 드립니다.
*저자와의 합의에 의해 인지를 생략함